U0903167

为精英阅读而努力

Smart 智富

THE LITTLE BOOK OF STOCK MARKET CYCLES

How to Take Advantage of Time-Proven Market Patterns

JEFFREY A. HIRSCH

John Wiley & Sons, Inc.

“iHappy投资者”
系列图书项目介绍

世界图书出版广东有限公司
深圳市中资海派文化传播有限公司

合力打造《世界经管学术经典文库》正式面市

《世界经管学术经典文库》从“iHappy 投资者”系列图书拉开大幕。

深圳市中资海派文化传播有限公司与约翰·威立国际出版公司（John Wiley & Sons, Inc.）展开了更广泛而深入的合作，该社旗下的Little Book书系与中资海派进行了独家战略合作。约翰·威立出版社不仅是全球历史最悠久、最知名的学术出版商之一，更是世界第一大独立的协会出版商和第三大学术期刊出版商。

“Little Book”财智赢家经典投资系列品牌图书作为“iHappy投资者”主打书目，不仅涵盖了“理论结合实践”的投资策略，更结合欧美投资大师的经典投资理论，突出未来投资趋势等主题，并且从不同角度解读了投资获利的奥秘，为读者及广大投资者的投资理财指引明灯。

中资海派已出版和即将推出的该系列图书有：

先锋集团创始人约翰·博格（John Bogle）所著的《投资稳赚》（*The Little Book of Common Sense Investing*）；

《价值投资》（*The Little Book of Value Investing*），价

值投资之父本杰明·格雷厄姆（Benjamin Graham）真传弟子克里斯托弗·布朗（Christopher Browne）所著；

《巴菲特的选股真经》（*The Little Book That Makes You Rich*），巴菲特真传弟子路易斯·纳维里尔（Louis Navellier）教你准确选中成长股；

《驾驭股市周期》（*The Little Book of Stock Market Cycles*），《股票交易者年鉴》主编杰弗里·A. 赫希（JeffreyA. Hirsch）教你如何利用股市周期赚钱；

《牛眼投资》（*The Little Book of Bull's Eye Investing*），《纽约时报》畅销书作家约翰·莫尔丁（John Mauldin）教你在动荡的市场中寻找价值，攫取绝对收益和控制风险；

《趋势交易》（*The Little Book of Training*），交易大师迈克尔·W. 卡沃尔（Michael W. Covel）为你揭开藏于幕后的14位顶尖交易员的获利故事；

《巴菲特资产配置法》（*The Little Book that still Saves Your Assets*），摩根士丹利创始人戴维·M. 达斯特（David M. Darst）教你资产配置的艺术。

中资海派已引进和即将出版的该系列图书有：

The Little Book of Main Street Money by Jonathan Clements

The Little Book of Safe Money by Jason Zweig

The Little Book of Behavioral Investing by James Montier

The Little Book of Big Dividends by Charles B. Carlson

The Little Book of Bulletproof Investing by Ben Stein and Phil DeMuth

The Little Book of Commodity Investing by John R. Stephenson

The Little Book of Currency Trading by Kathy Lien

The Little Book of Stock Market Profits by Mitch Zacks

The Little Book of Big Profits from Small Stocks by Hilary Kramer

The Little Book of Alternative Investments by Ben Stein and Phil DeMuth

The Little Book of Emerging Markets by Mark Mobius

The Little Book of Hedge Funds by Anthony Scaramucci

The Little Book of the Shrinking Dollar by Addison Wiggin

The Little Book of Market Myths by Ken Fisher and Lara Hoffmans

The Little Book of Bull Moves by Peter D. Schiff

The Little Book of Economics by Greg Ip

The Little Book of Sideways Markets by Vitaliy N. Katsenelson

The Little Book of Valuation by Aswath Damodaran

另外，“财智赢家”书系还收录了众多长销经典投资著作：

“成长股价值投资之父”肯·费雪（Ken Fisher）的《下一个暴富点》（*Markets Never Forget*）；

大投机家安德烈·科斯托拉尼（Andre Kostolany）的《股市神猎手》（*Kostolanys Wunderland von Geld und Börse. Wissen, was die Börse bewegt*）；

著名投资公司总裁乔治·舒尔策（George Schultze）的《秃鹫投资》（*The Art of Vulture Investing*）；

投资组合创始人李·芒森（Lee Munson）的《打败操盘手》（*Rigged Money*）；

美国投资市场的“亚当·斯密”亚当·史密斯（Adam Smith）所著的《金钱游戏》（*The Money Game*）。

除了“财智赢家”外，“iHappy 投资者”还推出以下书系：

Smart 智富

该书系主要收录诸多全球投资新秀的最新投资理念图书，对国内的投资者极具借鉴和指导意义。另外，本书系还带你漫步金融史和投资史，为你找到隐藏在股市起伏与经济荣衰中的密码。

百万富翁教室

该书系主要为白领阶层提供理财书籍，内容简单实用，风格平易近人。如果灵活运用书中的方法并持之以恒，即使你目前收入不高，终有一天也能跻身百万富翁的行列。

凯恩斯口袋

该书系聚焦国内外宏观经济环境，紧跟政治经济发展趋势，收录各路名家的经典理论和通俗实用的佳作。你不仅可以从这些书中了解整体政治经济环境，更能从中找到某些投资机会，在享受阅读乐趣的同时轻松赚钱。

以上三大书系已出版和即将出版的图书有：

迈克尔·莫布森（Michael J. Mauboussin）的《魔鬼投资学》（*More Than You Know*）；

史蒂芬·列维特和史蒂芬·都伯纳 (Steven D. Levitt and Stephen J. Dubner) 的《魔鬼经济学》（*Freakonomics*）；

达蒙·维克斯（Damon Vickers）的《不懂美元，还敢谈经济》（*The Day After the Dollar Crashes*）；

乔治·马格努斯 (George Magnus) 的《谁搅动了世界》（*Uprising*）；

安德鲁·哈勒姆（Andrew Hallam）的《拿工薪，三十几岁你也能赚到 600 万》（*Millionaire Teacher*）；

韩国理财师高敬镐的《上班赚小钱,四本存折赚大钱》；

戴维·沃尔曼（David Wolman）的《无现金时代的经济学》（*The End of Money*）；

罗伯特·H. 弗兰克（Robert H.Frank）的《达尔文经济学》（*The Darwin Economy*）；

肯尼斯·波斯纳（Kenneth A. Posner）的《围捕黑天鹅》（*Stalking the Black Swan*）；

桑迪·弗兰克斯（Sandy Franks）和萨拉·农纳利（Sara Nannally）的《野蛮人的猎金术》（*Barbarians of Wealth* ）；

盖·罗森（Guy Lawson）的《章鱼阴谋》（*Octopus*）；

兰迪·盖奇（Randy Gage）的《白手创业亿万富翁的财商笔记》（*Risky is the New Safe*）。

为了适应市场发展要求，中资海派成立了“iHappy 投资者”系列图书专家委员会，诚邀国内相关领域的权威、专业人士，拨冗推荐该系列图书，并在编辑加工图书的过程中提出宝贵意见。

已经加入“iHappy 投资者”系列图书专家委员会的成员有（排名不分先后）：

英大证券研究所所长　李大霄

深圳市东方港湾投资管理有限责任公司董事长　但　斌

《中国证券报》金牛基金周刊副主编　杨　光

《黑化》、《财富创始记》作者，财经作家　范卫锋

《新金融观察》报 副主编、《新领军者》杂志主编　刘宏伟

《第一财经日报》资深编辑　艾经纬

《理财》杂志社社长兼总编　解鹏里

《理财》杂志执行总编　王再峰

“Fortune & You，财富智慧你的魅力与幸福”课程创办者　毛丹平

银河证券首席策略分析师　孙建波

新浪财经博客点击量近 9 亿 首席理财分析师　凯恩斯

和讯网总编辑　王　炜

价值中国网总裁　林永青

《金融家》杂志总编　徐景权

驾驭股市周期

〔美〕杰弗里·A. 赫希（Jeffrey A. Hirsch）◎著
夏 雨 ◎译

中国出版集团
世界图书出版公司
广州·北京·上海·西安

图书在版编目（CIP）数据

驾驭股市周期 /（美）赫希（Hirsch, J. A.）著；夏雨译 . —广州：世界图书出版广东有限公司，2013.9

书名原文：The little book of stock market cycles
ISBN 978-7-5100-6502-6

Ⅰ . ①驾… Ⅱ . ①赫… ②夏… Ⅲ . ①股票市场－研究 Ⅳ . ① F830.91

中国版本图书馆 CIP 数据核字（2013）第 220487 号

版权登记号 图字：19-2013-089

驾驭股市周期

策　　划：中资海派
执行策划：黄　河　桂　林
责任编辑：钟加萍
责任技编：刘上锦
特约编辑：易　伊　杜天宜
版式设计：王　芳
封面设计：张　英
出版发行：世界图书出版广东有限公司
（广州市新港西路大江冲 25 号　　邮政编码：510300）
电　　话：020-84451013
http：//www.gdst.com.cn　E-mail: pub @gdst.com.cn
印　　刷：深圳市鹰达印刷包装有限公司
经　　销：各地新华书店
开　　本：787mm × 1092mm　1/16
印　　张：16
字　　数：179 千
版　　次：2013 年 11 月第 1 版
印　　次：2013 年 11 月第 1 次印刷
书　　号：ISBN 978-7-5100-6502-6 / F·0117
定　　价：68.00 元

如发现印装质量问题影响阅读，请与承印厂联系退换。

《驾驭股市周期》一书集结了最有效的指数、模式和季节性规律，它们是《股票交易者年鉴》在过去半个世纪里竭尽全力进行研究分析并核实的成果。研究股市历史的人必将从中受益！

杰弗里·A. 赫希（Jeffrey A. Hirsch）

股市周期理论权威专家 《股票交易者年鉴》主编

杰弗里·A. 赫希在本书中以通俗易懂的方式向大家讲述了《股票交易者年鉴》47年研究的精髓，分别从历史、政治、季节性和人们日常活动等角度对常见的股市周期模式做了详细介绍，并提出了许多实用的策略和建议。掌握股市周期性规律，能让股民们在保证股市收益的同时，将风险降到最低。

黄河

中资国际投资有限公司　董事长

萨姆·斯托瓦尔（Sam Stovall）

标准普尔资本智商公司首席资本策略师

虽然历史可以提供参考，但它绝不是真理。杰弗里·A.赫希写了一本关于历史性周期的圣经，投资者可以拿来当做一个很有用的指导。

约翰·莫尔丁(John Mauldin)

千禧波投资咨询公司总裁　畅销书《牛眼投资》作者

《股票交易者年鉴》在过去47年里都是市场周期的圣经，记录着股市的潮起潮落并且向我们提供重要的历史视角。作为一个周期论的学生，这本书常常就在我手边以供参考。现在，杰弗里·A.赫希把那巨大的智慧注入这本小书，帮助我们从日常纷扰中识别出重要的周期。无论对经验丰富的投资者还是初出茅庐的菜鸟，这本书都将帮你拨开迷雾，成为一名自信的投资者。

肯·费雪(Ken Fisher)

费雪投资公司CEO　《福布斯》专栏作家

《纽约时报》畅销书《下一个暴富点》作者

我是杰弗里·A. 赫希著作的狂热追随者，这本关于什么事情发生了和没有发生的新杰作也不例外，它令投资者、业余爱好者和教授都大开眼界。

拉里·威廉姆斯(Larry Williams)

基金经理

杰弗里·A. 赫希完成了一项讲述市场历史的杰出工作，和大家分享了非常珍贵的股市周期策略，并继承了他父亲耶鲁·赫希的实业，继续照亮我们前进的道路。

SeekingAlpha.com

美国投资资讯及分析网站　全球最大财经博客

《驾驭股市周期》是《股票交易者年鉴》的忠实粉丝最理想的书，同时也很适合那些从来没有接触过季度性数据，但觉得自己很可能错过了什么有用的东西的投资者阅读。

ForexPros

全球最佳STP/ECN经纪商

本书是优秀的周期理论基础读物，同时也是一本把我们引向更深入的周期理论研究的杰作……作者为我们提供了关于市场观察方面的深刻见解及许多发人深思的观点，我强烈建议你们把这本书加入到你们的必读书目中……

李大霄

英大证券研究所所长

股市涨跌永远都不单纯是市场作用的结果，它的背后有政治、经济、社会状况和文明形态等多方面原因。《驾驭股市周期》作者从历史的角度出发，详细分析了股市从1893年之前道琼斯指数尚未诞生时期到2010年奥巴马当选的整个发展历程，几乎对股市的每一次涨跌原因都做了研究。

目前国内尚无如此严谨科学的阐释股市周期模式理论的书籍，《驾驭股市周期》对中国股市有着重大的意义。

杨　光

《中国证券报》金牛基金周刊副主编

变幻莫测的股市最难把握，投资是博大精深的艺术。这个世界上也许还没有百战百胜的投资秘籍，但投资的最高境界是内外兼修，而非苦练一招致敌的招数。被投资界高手誉为投资圣经的《驾驭股市周期》授人已渔，充满智慧，值得品读。

艾经纬

《第一财经日报》资深编辑

市场波动起伏，很多行情似曾相识，这都是股市周期使然，亦是市场参与者的心理波动使然。

作为《股票交易者年鉴》主编，杰弗里·A. 赫希详细梳理了美国历史上的重大事件以及对股市的影响，这对于把握未来股票市场的走势大有参考价值。

林永青

价值中国网总裁

如果你相信历史会重演，你就会相信“股市周期论”。当然，历史的重演不是在事件层面，而是在规律层面；另一方面，我们需要清醒地意识到：凭借股市的任何规律，我们做对决策，能赢不输或多赢少输就已经是成功的投资了！股市暴富只能靠运气或者“上帝之手”(如果有)。

王　炜

和讯网总编辑

股市中经常流传着许多似是而非的箴言，广大股民常常被数不清的专家和鱼龙混杂的策略理论弄得晕头转向。《驾驭股市周期》以铁证的历史和严谨的逻辑为基础，将复杂的股市抽丝剥茧，提炼出最精炼的结论，帮助投资者调整投资策略，在保证收益的同时，大大降低风险。

王再峰

《理财》杂志执行总编

杰弗里·A. 赫希在本书中从长期市场与周期市场的区别入手，结合美国的股市历史，总结出很多极为有用的周期模式和股市规律，进一步奠定了其在股市周期理论中的地位。同时为全世界的投资者提供了许多可靠的投资策略，无论是刚听说周期理论的股民还是对股市周期已经有一定了解的投资者，《驾驭股市周期》都非常值得一读。

推荐序

道格拉斯·A. 卡斯
国际著名空头对冲基金经理

投资界高手的投资圣经

也许大家会觉得奇怪，一个秉持基本面分析理念的投资者竟会给一本讲技术分析的书来写推荐。毕竟，很多基本面分析导向的投资者仅仅把技术分析看成是算命，那些搞技术分析的只不过是该被关起来的巫师，尤其要将他们跟小孩以及举止行为跟小孩一样的投资者和交易员隔离。可是现在，我这个基本面分析导向的投资者的确就在为一本讲技术分析的书写推荐。

投资很复杂。大家可以把它想象成一座金字塔，金字塔的每一面代表一种投资方式，大家能想到的至少就有基本面分析导向、估价型和技术型。

杰弗里·A. 赫希在《驾驭股市周期》一书中简洁有力地抓住了影响投资的“技术因素”。

杰弗里写的这本极具思想深度的书，其灵感来源是温斯顿·丘吉尔说过的一句话，“你能看到多远的过去，就能看到多远的未来”。

如书中所言，股市历史给我们的教训是无价之宝。仔细研究过去的模式能让我们更加清楚地预测到未来走势，而忽视历史很可能把自己的投资组合带到万劫不复的深渊。

了解市场并不是容易的事。分析市场历史情况和金融周期的规律是一件相当复杂的工作，而杰弗里采用的方式又使这项工作难上加难。

人类行为、节假日、总统大选、季节性和日程表等因素在影响股市走势方面到底扮演着什么角色，弄清这些问题需要细心的观察和批判性思维。杰弗里还把和平与战争作为必须考虑的因素。

2010 年 5 月，杰弗里 ·A. 赫希做出股市超级繁荣预测：2025 年，道琼斯工业平均指数将上涨到 38 820 点。

去看看为什么杰弗里会认为股市在 2017 年或 2018 年时出现新一轮牛市吧。他的论证很具说服力，论据合理可靠。

在《驾驭股市周期》一书中，杰弗里向大家传递常识信息，传授宝贵经验，帮助大家利用久经时间证明的市场模式。个人投资者和机构投资者均须重视此书。

毕竟，不懂得股市周期的人必然会重蹈覆辙！

目 录

第 5 章　当权者的阴谋　政治活动如何影响股市波动　63

股市波动背后，政治活动常常起到关键性作用。
为何选举前股市常常迎来狂欢，而后选举年股市又一片哀鸿？当政府出现丑闻，股票投资者应该买进还是卖出？
股市永远不会是单纯市场作用的结果。掌握政治活动的规律，你就能先一步在股市中发现获利良机。

第 6 章　股市时间规律探秘　季节性趋势交易获利法则　85

华尔街上有句古训："5 月清仓离市"。
而真正藏在这句箴言后面的，
是"最优 6 个月"交替周期律。
过去 62 年，"最优 6 个月"道琼斯指数共上涨 14 654.27 点；
"最优 6 个月"策略能够和你手头上的任意投资策略完美结合，掌握股市季节性趋势，就等于给你的资产组合上了双保险。

作者自序 | The Little BOOK of Stock Market Cycles

利用久经考验的股市规律席卷利润

没有什么魔法能让交易或投资变得轻而易举，也没有什么能替代研究分析、经验和运气。然而，还是有方法可以帮助投资者降低损失，增加收益。19 世纪哲学家乔治·桑塔亚那曾说过："无法汲取历史教训的人将重蹈覆辙。"

这句哲言便是《股票交易者年鉴》的奠基石。1966 年，我的父亲耶鲁·赫希成立了《股票交易者年鉴》。从历史的角度来分析并研究市场情况，我们就能把现代市场行为和事件放到历史环境中观察。不管你是短期交易者还是长期投资者，认识历史周期、季节性模式和走势将十分有价值。

《驾驭股市周期》一书中集结了最有效的指数、模式和季节性规律，它们是《股票交易者年鉴》在过去半个世纪里竭尽全力进行研究分析并核实的成果。研究股市历史的人必定将从中受益！

如想成为一名成功的交易者或投资者，大家须知道市场在一般情况下怎样运作。市场可能处于长期牛市或者长期熊市，华尔街则有条不紊地按照可预测的市场趋势调整策略。规律性出现的事件对交易者和投资者产生可预测的影响，这些事情包括每四年一次的总统大选、每季度末的投资组合调整、期权期货到期、纳税期限、节假日。

人们的日常行为对市场同样拥有不可磨灭的影响，例如支付账单、度假、节假日购物和 401(k) 养老计划。人都是习惯生物，了解交易者和投资者的习惯能够让你清楚地认识到看似偶然的股市事件实际上是必然的结果，甚至是在今日的“高频”交易和 4G 智能手机通讯环境下，古老的每日变化规则仍然有效，和几十年前一样影响着股市盘中交易。

从最初的交易者和投资者在华尔街的梧桐树下交易时起，国际和国内的外因事件便一直给股市带来影响。现在地缘政治形势紧张的局势下，不理解和平时期市场和战争时期市场之间区别的投资者容易被骗。尽管市场每次表现得都有所不同，但了解其历史表现能让大家在将来面临危机的时候多一重把握。

然而，由于模式和走势不断发生变化，这并不是一门一成不变的科学，主要的文化和科技层面的转变对于市场及市场行为均有巨大深远的影响。1900 ~ 1950 年，农业使 8 月为行情最优月，但由于现在美国人口中仅有不到 2% 在从事农业，8 月成为行情最差月份之一。科技与市场的关系日益紧密，它使市场反应更迅速。1965 年，纽约证券交易所每天均有上百万股份交易，而现在则达到几十亿。

如果有股市历史表现相关知识来武装自己，大家一定能够识别主要高点或低点的转变势头。你的长期投资将实现稳定增长，交易行为将更有效，带来更多收益。这本书向大家展示市场行为，并告诉大家如何将市场行为融入到投资策略中。帕特里克·亨利曾在著名的“不自由，毋宁死”演讲中如此说道：“除了以往的经验以外，我不知道还有什么更好的方法来判断未来。”股市周期和模式并不会和之前出现的完全一样，但它们与宇宙中其他自然现象一样拥有节奏。

我在这本书里向大家呈现出市场运作的框架，并从人类和文化行为的角度分析市场行为。我从不盲目尊崇建立在死板计数系统上的教条主义股市周期。我和标准普尔公司的好朋友山姆·斯托瓦一样以历史为交易导向。

请一定铭记股市周期并不完全准确，与其把它看成一门科学，还不如说它是一种艺术形式。不要随波逐流，当所有人都赞同并确信市场处于某种特定周期、水平或将出现某种走势时，市场就很可能一反常态，其表现只有少部分投资者能够预测得到。

一旦把这些周期和模式融入到投资和交易意识中，一定还要留心其他各种因素。利用好常识、技术指数、基础因素和逆向思维，那么你将能成功地预测未来走向。

谨慎交易，明智投资，你终将驾驭股市周期！

第1章 别让牛市迷惑了大脑

剖析牛市的特征与先兆

ting through the Bull Cutting through the Bull Cutting through the Bull Cutting thr

传奇投资家约翰·邓普顿爵士有一句名言：
“金融天才皆得益于股市行情上涨。”
在股市当中，无论你是高手还是菜鸟，
只有借助牛市才能赚到最大的收益。
那么，牛市到底是什么？它分为几种？究竟是什么
引发了牛市？在牛市来临之前有何征兆？
从这里真正了解牛市，不再让股市迷惑了你的大脑。

用标准普尔衡量，股票出现 20% 的变动即可判断牛市或熊市的到来。与此同时，其他次要因素也需考虑在内。

大家都听过“水涨船高”吧？这个词运用在金融领域，是指大多数股票在牛市表现优良，且所有人在经济繁荣期都能获得更高收益；相反，水落船退，熊市会导致全盘低落，很多人也都体会过经济萧条时财富大缩水的痛苦。

中资国际投资黄河点评 >>>

在大牛市中，新股是市场的宠儿。1992 年 8 月 7 日，深圳市宣布当年发行 5 亿股公众股。由于每张身份证可花 100 元买一张抽签表，不仅全国各地大量的身份证寄往深圳，更有上百万外地人涌入了这个常住人口只有 60 万的城市。各售表机构门前提前 3 天就有人排队。

“金融天才皆得益于股市行情上涨”是另一句让我铭记于心的箴言，它让我在屡次对市场作出准确判断后不那么得意洋洋。这句话源自著名经济学家约翰·肯尼斯·加尔布雷思（John Kenneth Galbraith）和传奇投资家约翰·邓普顿爵士（Sir John Templeton）。换句话就是：“别让牛市迷惑了大脑”。

市场周期的变化对股票整体价格及客户的投资组合价值均能产生巨大影响。因此对于投资者来说，判断市场是牛市还是熊市至关重要。2008 年，你的投资组合出现了什么状况？除非你是空头对冲基金经理人中的超级明星，否则你就和大部分投资者一样，投资组合价值减半。毕竟众多优秀的基金经理也难逃此劫。如果当年你像我一样及时警觉，就可以把损失降至最小，从而安全度过那场金融风暴。

股评人用各种术语描述市场，而弄清这些术语的含义对投资者来说非常重要。因此，在对市场作出准确判断后，你还需要了解它的具体类型。

分辨长期牛市和周期牛市

2000 年至今，我们处于长期熊市。这意味着什么？接下来会出现新一轮长期牛市，还是长期熊市中的短暂周期牛市？理清这些问题能让大家更好地理解近期市场走向和几年内市场趋势。如果你还不熟悉描述市场的术语，是时候补补课了。

让我们从两个重要的概念说起：长期 (Secular) 与周期 (Cyclical)。《牛津英语词典》给出如下定义：“长期”是指“波动或趋势不限期地持续出现，非定期的或短期的”；“周期”则是指“拥有明确的时间周期”。

长期市场和周期市场的定义通常模棱两可，原因在于金融市场的可变性非常强。请勿忘记，管理这些市场的人类本身就不完美的。尽管现在大部分交易均通过计算机进行，但计算机和软件也是由人发明的，他们有需求，有欲望，没耐心，嫉妒心、报复心强，他们有爱也有恨……

因此，市场经常在长期和周期模式之间转换，相比其他许多领域，这两种模式依照的标准要松散模糊不少。关于牛市和熊市的定义仍存在许多争议。但简单来说，长期市场持续时间较长，通常不少于 10 年；而周期市场持续时间通常在 5 ~ 10 年，或短于 5 年。20 世纪最长的周期市场持续了约 8 年，即 1990 年 10 月 ~ 1998 年 7 月的周期牛市，它包含在 1982 ~ 2000 年的长期牛市中。

纳德·戴维斯研究公司（Ned Davis Research，NDR）的调研小组认为，**牛市是指道琼斯工业平均指数在 50 天内上涨 30% 或在 155 天内上涨 13%；熊市是指道琼斯工业平均指数在 50 天内下跌 30% 或在 145 天内下跌 13%**。1965 年诞生的价值线几何指数（Value Line Geometric Index）呈现出的 30% 逆转，对于牛市和熊市的界定同样适用。

用标准普尔指数衡量，股票出现 20% 的变动即可判断牛市或熊市的到来。与此同时，很多次要因素也需考虑在内，如时长、标普 500 指数与长期移动平均线的相对位置等。

长期市场则没有那么明确的定义。一般认为，长期市场会持续 8 ~ 20 年。

长期牛市：在一定时间内，股市连续出现新高，其最低点亦相应升高；

长期熊市：受到旷日持久的军事活动或金融危机的影响，市场无法达到新高。

大家还可通过分析长期市场内的周期牛市或熊市来了解长期牛市或熊市的本质。关于战事对市场的影响，我们会在第 2 章讨论。

图 1.1 显示，从道琼斯指数诞生的 1896 年起，市场可分为 8 个长时段，其中标灰部分表现出长期熊市。

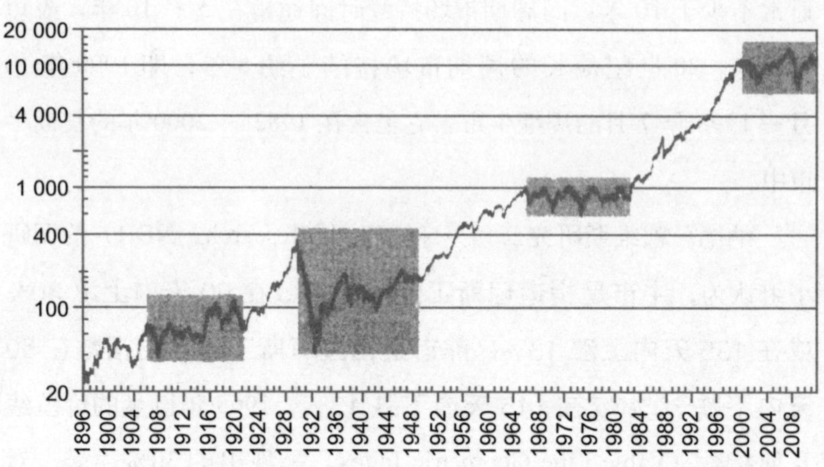

图 1.1　道琼斯指数的 8 个长时段（金色部分为长期熊市）

中资国际投资黄河点评 >>>

在市场处于调整期的时候，股价可能会在短时间内出现大幅下跌，但马上又会反弹。即便是大规模的市场调整，也只是牛市过程中一种正常现象，只要你保持冷静，不在相对低的价位上抛出，就不会影响你最终的总收益率。（肯·费雪《下一个暴富点》[M]. 广州：广东人民出版社，2013）

4 个长期牛市分别是 1896 ~ 1906 年、1921 ~ 1929 年、1949 ~ 1966 年和 1982 ~ 2000 年；4 个长期熊市分别是 1906 ~ 1921 年、1929 ~ 1949 年、1966 ~ 1982 年和 2000 ~ 2013 年。在上图中，我们还列出了长期牛市中的周期牛市和熊市，并将其与长期熊市中的周期牛市和熊市作比较。

1896 年起，在长期牛市中的周期牛市里，道琼斯指数平均增长 105.4%，而在长期熊市中的周期牛市里平均增长 60%。在前一种情况下，周期牛市持续时间比后者长了近一倍。在长期熊市中的周期熊市里，道琼斯指数平均下降 50% 以上，而长期牛市中的周期熊市持续时间只有它在长期熊市中的 1/3（详见图 1.2）。

以古鉴今，从第二次世界大战起，长期熊市中的周期牛市表现相对较弱，经济和市场交易情况发生结构性转变。“二战”前，美国主要以农业经济为主，但战后却摇身变成一个军工业复合体的科技强国。美国接下来会走向何方还请拭目以待。

总的来说，**长期牛市的特点是短而弱的周期熊市和长且强劲的周期牛市并存，而长期熊市则包含短而弱的周期牛市和持续低迷的周期熊市**。这种周期熊市通常会出现大量的急剧跌价、反弹失败、投降式抛售以及熊市谷底的无理性交易，公众对股市信心大失。

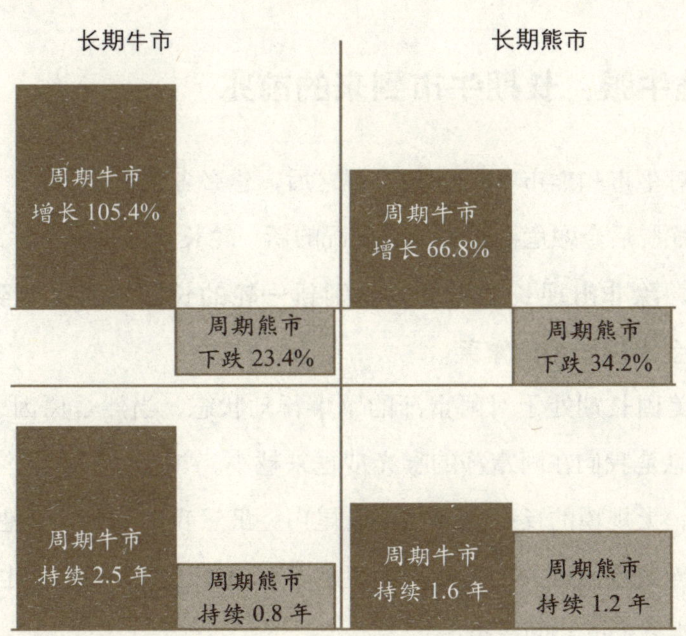

图 1.2 道琼斯工业指数长期市场平均涨跌（1896 ~ 2012 年）

我们认为，自 2000 年出现最高点后，股市一直处于长期熊市。从那时起，道琼斯指数共出现 4 次周期熊市，跌幅分别为 29.7%、

31.5%、53.8% 和 16.8%，成为 1929 年以来最差的周期熊市；2011 年又出现 3 次周期牛市，涨幅分别为 29.1%、94.4% 和 95.7%，这也是长期熊市中最长的一次周期牛市。2009 年 3 月～ 2011 年 4 月，95.7% 的周期牛市表现十分抢眼，且持续时间为 2 年，恰好是周期牛市的平均时长。这很像 1929 ～ 1949 年长期熊市中的周期牛市，它从 1934 年持续到 1937 年；这也让我们想起了第二次世界大战期间，即 1942 ～ 1946 年的周期牛市。不过，我不认为短期内会遭遇如大萧条那样持久的熊市，但认为现在已经进入长期牛市也为时尚早。

瞄准牛眼：长期牛市到来的前兆

对牛市和熊市有了一定了解之后，想必各位更想知道，帮助我们摆脱后金融危机时代萧条景况的新一轮长期牛市将何时到来。然而，**除非出现长期和平，否则新一轮的长期牛市不会到来，也不会出现长期的繁荣**。

美国长期处于对阿富汗的军事行动状态，当然是原因之一，好消息是我们在阿富汗的曝光度越来越小。并且，由于本 · 拉登已死，大规模的反恐战争已渐入尾声。虽然我们不能天真地认为中东问题已成过去，但至少大规模军事部署已不再必要，也不会再占据我们的新闻头条。

战争始终是长期熊市的主题，如 1906 ～ 1921 年第一次世界大战、1929 ～ 1949 年第二次世界大战，以及 1966 ～ 1982 年越南战争。战争并不一定直接引发长期熊市，但只有在战争结束且通货膨胀开始之后，新一轮长期牛市才会到来。

值得注意的是，历史上所有的长期牛市均伴随着“使能技术”（Enabling Technology，指一项或一系列、应用面广、具有多学科特性的关键技术。——译者注）或文化变迁造成的社会观念转变。在技术的带动下，1896 年，铁路已经连通美国东西两岸，商业、贸易领域呈现出前所未有的繁荣，人口流动加剧，股市也蒸蒸日上；到了兴旺的 20 世纪 20 年代，全球迎接“有声电影”时代的到来，林德伯格和埃尔哈特使全世界都对跨大西洋的航空旅行感到着迷，而汽车则让中产阶级得到了真正的解放，一切都预示着新的长期牛市即将到来。

中资国际投资黄河点评 >>>

要抓住牛市的牛眼，就得理解什么是股市的中国特色。资金多，在货币流动性过剩的背景下抑制资产价格是徒劳的，加息是遮羞布，把一切归咎于货币政策妨碍了我们对更深层次结构性失衡的全面把握。

在第二次世界大战后的牛市期间，消费主义席卷全美，“婴儿潮”导致美国人口剧增，欧洲和日本在美国的帮助下进行战后重建；太空计划和数不尽的工业技术创新同样导致人口增加，而电视机的发明又把全世界联系起来。到 20 世纪八九十年代，信息技术成了超级牛市的驱动力。个人电脑、电信和网络解放了社会和社会中的每一个人，让他们充满力量。然而，只有未来才能揭示带来下一个繁荣期的究竟是什么。

未来几年是熊是牛？

现在情况如何呢？由于短时间内很难再出现新的使能技术或文化变迁，而美国军队仍深入海外，因此市场情况仍然不明。也许当我们最终从伊拉克和阿富汗撤兵，或某种新的颠覆传统的技术创新席卷全球时，我们将进入新一轮的长期牛市。不过就目前来说，我们很可能继续困于现今的交易区间；接下来的五六年，周期熊市将继续不断地出现，而作为大环境的长期熊市可能将使股市再度下挫 20% ~ 30%。

重点回顾

- 牛市或熊市对于股价的影响至关重要。
- 长期市场持续时间长，通常有 8 ～ 20 年，而周期市场的持续时间较短，几个月或者是几年。
- 长期牛市期间，周期熊市通常持续时间短且影响较小，而周期牛市则持续时间长且势头强大。
- 长期熊市期间，周期牛市通常持续时间短且势头微弱，而周期熊市则持续时间长且影响深入。

第 2 章

看不见的硝烟

战争背后的股市玄机

r and Peace War and Peace War and Peace War and Peace War and Peace

从第一次世界大战到“9·11”恐怖袭击事件，
战争与冲突背后往往是股市的大起大落。
为什么股市能够预示战争的开始和结束？
而战争常常能孕育出超级牛市？
看懂战争和股市之间的关系，
就掌握了股市最典型的周期规律。

战争前后的股市价格平稳期基本保持在同样的百分比区间。这个区间就是 500% 涨幅的起点。通货膨胀与急起直追的市场之间的关系非常明确。

毋庸置疑，战争对股市有持久且重要的影响。只要美国继续深陷大型军事活动，股市就不可能出现任何明显的进展。“9·11”恐怖袭击事件之后十多年过去，美国卷入的外国冲突已接近尾声，这对股市来说是个好兆头。然而，现在的市场还未见转折。过去的两个多世纪，战争、和平和通货膨胀是导致市场繁荣或萧条的首要原因。这三种因素往往牵连在一起，轮流对市场发挥作用。

是什么让股市在战争期间保持窄幅震荡的同时，又让它在和平时期上涨？答案是通货膨胀。战后和平时期的通货膨胀是将股市抛至新高的最直接原因和最强动力。

> 中资国际投资黄河点评 >>>
>
> 战争推动现货商品价格上涨的本质原因是战争的消耗性和破坏性。交战国的战略物资及医药等都会快速消耗，房屋、农田被摧毁，人口数量减少，大量工厂关闭、农田荒废，造成社会产能下降，形成供不应求的局面，导致价格上涨。

战争期间，政府掏空国库，集中精力处理与战争相关的事务，而非国内民生和经济问题。这导致物价持续上升，股市更是失去了稳定发展的环境。**只有在经济稳定、国家重新集中精力处理国内问题时，股市才会飙升至新高。**

股市跌宕的历史档案

人类历史充满了经济的繁荣与萧条和社会的兴盛与衰亡。从公元前开始，浩瀚如海的世界文明在几千年里衍生出极其庞大的结构，其中不少是科技、教育、文学、数学、科技和哲学领域的文化功勋。罗马帝国消亡，中世纪的黑暗时代笼罩欧洲长达5个世纪，玛雅文明消失，苏联解体。科技的巨大进步并不能保护现代文明免于波折。在20世纪以及21世纪，战争和金融危机在塑造人性方面甚至起到更为重要的作用。

古代智慧和习俗依然残留在现代繁荣的文化和兴旺的社会里，在这片祖先们也曾生活过的土地上，现代人对那些古老的智慧和习俗无比崇敬。法老早已离开，但吉萨金字塔广受游客和考古学家等人的喜爱。墨西哥人仍庆祝阿兹特克人关于羽蛇神（古代墨西哥印第安人崇奉的神，被描绘为长羽毛的蛇形象。——译者注）的创世神话。特奥蒂瓦坎地区的墨西哥城往东北30公里处，有建于公元1世纪的世界第三大金字塔——太阳金字塔，加利福尼亚嬉皮士们在这儿练习拜日式。

西方文明中的古希腊文化痕迹随处可见。殖民主义的欧洲把经验主义带往世界各地，其影响至今不衰。美国各地的零售商场和健身中心均有人练习瑜伽，而瑜伽则源自4 000 ~ 5 000年前，包括今日的巴基斯坦、印度、阿富汗和伊朗在内的印度河流域文明中的传统修行。回望历史，人类社会有时充满斗争，有时又安稳和平。

黑暗时代之后很长一段时间，中世纪的征伐、野蛮人的入侵、十字军东征和宗教狂热相继发生，之后才让步给文艺复兴、启蒙时代、两次工业革命、铁路繁荣和镀金时代（繁荣昌盛时代，尤指美国内战后的 28 年，1870 ～ 1898 年。——译者注）。18 世纪和 19 世纪，经济呈指数增长，但随即又受到大量战争、经济恐慌和萧条的困扰。

美国独立战争及随后美国这个伟大国家的诞生引发了大规模的通货膨胀，接着是从 1783 ～ 1792 年为期 9 年的经济繁荣与世界和平。美国内战时期，国际冲突和内乱给全世界笼罩上一层阴影，但科技上取得的惊人成就影响深远，为实业家、商业巨头和大亨的财富累积贡献了巨大力量。然而，战争和金融恐慌又给中产阶级的成长设下阻碍。战争带来严重的通货膨胀又刺激了 1863 ～ 1873 年重建时期的经济繁荣，而 1869 年连接美国东西两岸的州际铁路的完成对这一时期也有重要贡献。

1873 年金融恐慌引发的全球经济萧条一直持续至 1896 年，它在美国又被称为“长萧条”（Long Depression）。据美国国家经济研究局（National Bureau of Economic Research）公布，1873 年 10 月～ 1879 年 3 月为止的经济萎缩期为 65 个月，这是他们记录中最长的一次。相比之下，大萧条期间 43 个月的经济萎缩期也只能黯然失色。1893 年的经济萧条与 1873 年的恐慌很相似，投机活动猖獗，铁路过度建设，融资活动充满问题；恐慌开始后的五六年里，失业率高达两位数。

19 世纪渐入尾声，电报、铁路、电话、内燃机、汽车、远洋班轮、电灯泡和无线电等许多发明相继诞生，它们为那个被称为“最伟大的世纪”的时代打下基础。战争与和平、狂热与衰退、通货膨胀与创新对经济、财富和市场均有很大影响。当道琼斯工业平均指数于 1896 年 3 月 26 日首次发布时，我们终于有了一套具有一致性和可追踪性的指数来客观地对市场进行实时评估，且该指数为我们表现长期内繁荣期的波动情况、经济稳固性水准和经济增长前景。

道琼斯工业平均指数是金融市场测量手段中的杰作，这套参考标准在随后几十年里趋于成熟，并于 1913 年迎来了联邦储备体系（Federal Reserve System），美国的中央银行就此产生。美国著名的幽默大师威尔·罗杰斯（Will Rogers）曾调侃道："从世界诞生的那一刻开始，我们共享有三项伟大的发明：火、轮子和中央银行。"

历史从不会原样复制，然而，现在我们在伊拉克和阿富汗的战事已慢慢平息，同时大规模的反恐战争和阿拉伯民间革命正如火如荼。如果对 20 世纪三大战争期间的股市表现有足够的理解与把握，我们便能开拓视野，更深入地理解现在的市场行为。

战争孕育超级牛市?

战争期间，道琼斯工业指数从未持续上涨，这很可能是由于投资者热情减缓所致。每当市场将要突围时，与战争或其他危机相关的消极外部因素就来挫伤士气，前提是商业周期、经济疲软或政治因素仍没能阻碍市场。虽然市场如 1973 年和 2007 年那样出现了短暂的类似突破前兆的高纪录，但这几次上涨都历时很短，而且没有保持住高水平。

战争机器支撑着市场，再次陷入战事带来了不小的冲击，市场又退回到战前或战事开端时的低水准。政府支出、投资者逢低买进和美国人传统的优越感使得市场无法取得突破。在 1914 年 1

月 30 日，第一次世界大战爆发当天，道琼斯工业指数（1916 年 9 月进行换仓调整来反映道琼斯工业平均指数从 12 股到 20 股的转变）下降 6.9% 至 52.32 点。第一次世界大战后到 1932 年和 1933 年期间的大萧条之前，再也没有出现这样的低谷。

1938 年 3 月 31 日，第二次世界大战前的股市低至 98.95 点，这个数字仅在 1942 年 4 月 28 日被少量超越，增值小于 1%，当天是日本军队轰炸珍珠港后 4 个月零 3 周。那天，物价管理局冻结了美国大部分产品和服务的价格，富兰克林·罗斯福发表第 21 次炉边谈话（美国总统富兰克林·罗斯福利用炉边谈话节目通过收音机向美国人民进行宣传，是他利用大众传播手段进行政治性公关活动的事例之一。——译者注）。从 1933 年就职典礼到 1944 年 6 月的诺曼底登陆，罗斯福总统共发表 30 次炉边谈话。这次谈话名为《论牺牲》（*On Sacrifice*），主要谈论太平洋战场及欧洲局面的不稳定。罗斯福总统号召美国民众在战争期间保持信心，并提醒所有人都必须做出一定牺牲满足国家的战时需求。

肯尼迪总统对不断上涨的钢铁价格进行管制，此举震惊了华尔街，使道琼斯工业指数下降 27%，1962 年 6 月时低至 535.76 点。此低点一直持续到 1962 年下半年爆发的古巴导弹危机、越南战争、20 世纪 70 年代的滞胀和 80 年代初期的双底衰退。

好消息不断时，股市就会回升；祸不单行时，股市就会下跌。**战争初期，股市反应十分强烈。当旷日持久的交战渐近尾声，投资者对新闻已是麻木不仁，市场不断靠近高水位线，预示着战争的结束。这也是为什么在和平时期到来初期，市场必然又出现回落，导致股价下跌。**

战争期间，总统总是赢家。总统一般都是在“选举周期”内做出与对外战争有关的政治决定，在成功连任之后出台一些不受欢迎的决策同时，尽可能多地制造出好消息来为获选造势。现任政府的说辞永远是"情况在好转"，而反对者们则提倡改革。2008年，白宫出现不少问题，如民生问题、现任政府对外软弱、总统支持率偏低、缺少强有力的现任总统或副总统等，就像1920年的哈定总统、1932年的罗斯福总统和1968年的尼克松总统。奥巴马总统入职时，全美都在大声疾呼要求改变。

中资国际投资黄河点评 >>>

和中国有关的小规模战争对中国股市的走势影响通常不会太大，但中国对该战争的态度一定程度上会拖累中国股市。以美国入侵伊朗为例，中国政府对美国表态强硬，则股市跌幅会较大；如果中国政府对美国态度不强硬，则在开战前可短期持有相关联的军工类、医药类股票。

2000年互联网股票泡沫破灭，伊拉克战争于2003年3月19日打响，之后股市一直被困在一个交易区间内。虽然出现过大幅度的回升，股市并未真正上涨，而1997年4月道琼斯工业指数的6 391.69低点也未被跌穿。回顾历史，美国参与过的所有大型战争期间股市均出现超过500%的上涨，像这种能让市场永远超越历史高点的时机尚未到来。

图2.1呈现出一幅宏观图，图上同时绘有道琼斯工业指数和消费物价指数（CPI），高亮部分表示第一次世界大战、第二次世界大战和越南战争前后的长期窄幅震荡市场。从道琼斯工业指数线可看出，持续时间长的超级繁荣和牛市戛然而止。战争、通货膨胀和市场之间的相关性不容忽视。战争前后的股市价格平稳期基本保持在同样的百分比区间。这个区间就是500%涨幅的起点。通货膨胀与急起直追的市场之间的关系非常明确。紧随第一次世界大战后出现的高达110%的通货膨胀，股市在20世纪20年代

上涨 504%；第二次世界大战后的 74% 通货膨胀则成为道琼斯工业指数 523% 涨幅的前奏；最后，越南战争、石油禁运以及 70 年代臭名昭著的经济滞胀引发的通货膨胀超过 200%，而接下来马上出现超级牛市。这对所有投资者来说是一个希望的号角，但同时也是一种警示。

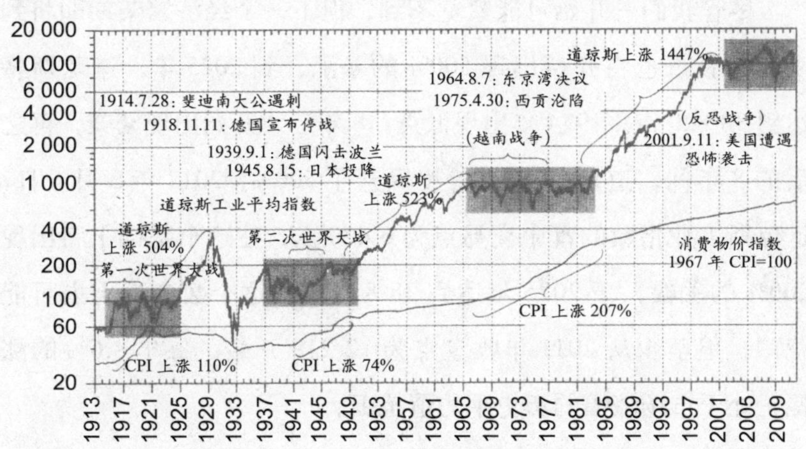

资料来源：©《股票交易者年鉴》

CPI 数据来源：劳工统计局

图 2.1 通货膨胀与道琼斯工业指数 500% 涨幅（1913~2009 年）

下一个500%涨幅何时到来？

2002 年 9 月，我首次意识到我们正准备迎接下一个 500% 的涨幅，那时恰逢已满 12 岁的长期熊市第一次大幅下跌。而后 8 年，我针对经久不衰的横向波动市场发表了大量文章，这种窄幅波动趋势是市场逃脱不了的命运。这种趋势在 2010 年 5 月我首次发表的超级繁荣期预言时达到顶点。

基于上述战争、和平和通货膨胀市场周期的情况，我分析到

2017 年或 2018 年，道琼斯工业指数仍被抑制在图 2.1 所示的区间范围内。待美国主要战事全部结束，世界会迎来一段相对和平的时期。通货膨胀将再次出现，并慢慢发展至极限。在那时候，一些现在仍处于开发阶段的技术将变为现实，并和曾经的汽车、电视机和微处理器一样让全世界焕然一新。

尽管我们一开始可能察觉不到，但下一个经济繁荣期即将到来，而股市也将开始出现 500% 的暴涨，到 2025 年，道琼斯将达到 38 820 点。1974 年出现低点，8 年后才开始出现繁荣，再之后的 8 年间，道琼斯工业指数飙升了 500%。2012 年 3 月 6 日，道琼斯工业指数的盘中交易点为 6 470 点，在这个基础上将出现 500% 的涨幅，于 2025 年达到 38 820 点。这个数字听上去可能荒谬，但至少从 2011 年收盘点为 12 218 开始，每年 8.6% 的涨幅正处于市场涨幅的历史平均值范围。

重点回顾

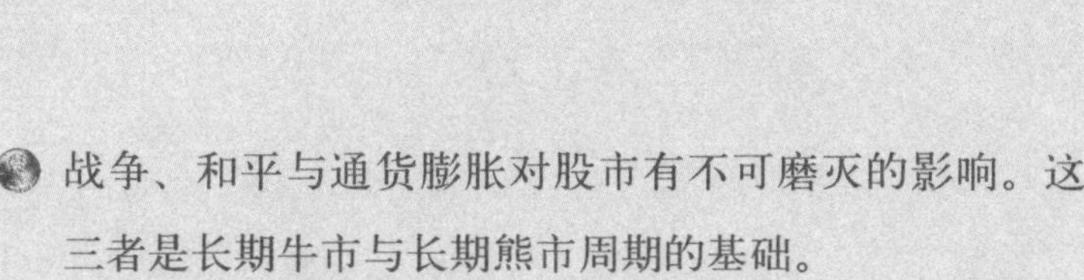

- 战争、和平与通货膨胀对股市有不可磨灭的影响。这三者是长期牛市与长期熊市周期的基础。

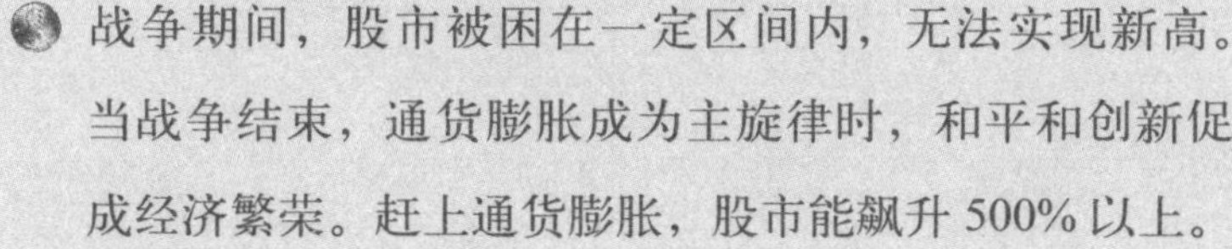

- 战争期间，股市被困在一定区间内，无法实现新高。当战争结束，通货膨胀成为主旋律时，和平和创新促成经济繁荣。赶上通货膨胀，股市能飙升 500% 以上。

第3章

20世纪股市剖析

从历史视角看市场周期

为什么股市会有繁荣与萧条？

为什么市场对不同时期的战争反应不一？

数次金融危机有何共同之处？

社会是股市周期性规律的基础，

对社会环境与股市的关系有足够的理解与把握，

我们便能更深入地理解市场行为。

历史常常重蹈覆辙，但从不走完全相同的路。现在的情势与历史上三次萧条期的情况在各个方面都有着惊人的相似，当然，现在还出现了一些新的难题。

久久不去的经济不景气和日益混乱的地缘政治形势将产生什么样的影响？我们可以往记忆深处徐行，从回顾20世纪历史的视角来解答。众所周知，历史常常重蹈覆辙，但从不走完全相同的路。现在的情势与历史上三次萧条期的情况在各个方面都有着惊人的相似，当然，现在还出现了一些新的难题。

下一次繁荣期的特点将包括早期扩张、牛市和其他我们难以预料的情况。在回顾历史时，我们不时地感到似曾相识。认清历史能让我们更有信心地面对未来，而你也会因此认识到，在接下来的十年，股价将上涨至前所未有的新高。一旦2007～2009年的金融危机残留影响消失，政府将再次有效地行使职能，帮助实现经济的飞速增长及科技的创新发明。

是什么导致了世纪之初的股市繁荣？

20世纪初的金融市场呈现疯狂涨势。20世纪，由于国际竞争形势趋于平稳，全球经济波动缓和，然而，最初几年形势严峻。

1899 年 4 月 ~ 1900 年 9 月的熊市使道琼斯工业指数下挫 31.5%，它伴随着世界进入 20 世纪；同年，逃离欧洲镇压和骚乱的移民以每小时 100 人的速度涌进美国。

1901 年，铁路争夺战引起股市挤兑，并最终导致了崩溃；随后持续 9 个月的短暂牛市使道琼斯指数上涨 48%，从而结束了 1901 年大恐慌。之后出现 1903 年的富人恐慌、为期两年的衰退和为期两年半的熊市，这三股势力让道琼斯指数下降 46%，跌至 20 世纪低点。从 1903 年 11 月 ~ 1906 年 1 月的两年多时间里，牛市成为华尔街的主旋律，道琼斯工业指数上涨 144%。亨利 · 福特于 1903 年创立福特汽车公司，但著名的 T 型汽车在 1908 年才出厂，并且直到第一次世界大战结束后，汽车才开始解放全球。1903 年 12 月，莱特兄弟在北卡罗来纳州的基蒂霍克（Kitty Hawk）进行由内燃机提供动力的飞机试飞。

中资国际投资黄河点评 >>>

20 世纪初，美国股市的交易商普遍是股票价格的操纵者。而小投资者往往会成为最终的牺牲品。当时人们形容股票交易商与小投资者玩的是一种叫"COME ON"的游戏，意思是"你敢来吗？"

在这次短期的小型繁荣期间，纽约房地产的价格暴涨，反托拉斯斗争取得进展。1906 年，被人们称为"老罗斯福"的泰迪 · 罗斯福总统对标准石油公司（Standard Oil）提起反托拉斯诉讼，致使该公司最终于 1911 年被拆分为 34 家公司。1906 年旧金山发生地震，这给经济造成了巨大损失。紧接而来的 1907 年银行业恐慌把道琼斯工业指数削减了 50%，1906 年 1 月 ~ 1907 年 11 月期间下降了 48.5%。为了度过这次金融危机，美国财政部通过买入证券来阻止股市下跌，最终，实际上是约翰 · 皮尔庞特 · 摩根协调其他银行家一起合作，成功注入资金，从而支撑了股价；

相比起来，2008 年间美联储的操纵行为和政府主导的紧急救助与之大同小异。

接下来的两年，道琼斯工业指数回升了 90%，并止于 1906 年达到的高点，原因是当时正处于长期熊市，道琼斯指数一直在 50 点（以新的 1916 年道琼斯指数为准）至 120 点区间进行窄幅震荡，直到 1925 年。为期两年的双底衰退分别出现在 1910 年 1 月 ~ 1912 年 1 月、1913 年 1 月 ~ 1914 年 12 月，它们抑制住经济和市场的发展，同时联邦政府继续操纵强有力的公司信托。

1913 年，亨利・福特把流水线引入工厂，成功地对汽车进行量产，从而为兴旺的 20 年代经济繁荣提供了源源不断的动力。第一次世界大战的爆发使得纽约证券交易所在 1914 年 7 月底 ~ 1914 年 12 月初的 4 个月里关闭，而它对股市价格的影响一直持续到大萧条时期。

中资国际投资黄河点评 >>>

第一次世界大战对美国的发展与国际地位的提升有着非同寻常的意义。战争消耗了欧洲重要事件国家的人力、财力，导致许多国家地位下降，美国瞬间实现了从债务国到债权国的转变。

第一次世界大战对股市的影响

当时巴尔干半岛的战争已持续两年，但 1914 年 6 月 28 日奥地利的弗朗茨・斐迪南大公遇刺一事成为了第一次世界大战的导火线。诸多联盟纷纷成立，它们的野心造成多米诺效应，使得战斗在全世界范围内爆发。1914 年 7 月 31 日，纽约证券交易所关闭，到 1914 年 12 月 12 日才重新开业。许多战争在这几个月期间迅速升级。

纽约证券交易所重新开业后迎来的是牛市，这归因于美国在第一次世界大战中保持中立，并在接下来的“二战”中站到了协约国那边。

1915 年 1 月 19 日，德国轰炸英国，当月 28 日，一艘美国货轮沉入海底，这些坏消息让股市迅速下跌。而当德国 U 型潜水艇击沉英国卢西塔尼亚号豪华邮轮，致使 1 959 名乘客中 1 198 人丧生时，股市进一步暴跌，国际公众舆论掀起反对德国的浪潮，美国也准备加入战争。

1916 年 1 月，德国轰炸巴黎，股市情况在接下来的 6 个月里岌岌可危。伍德罗 · 威尔逊总统于 1916 年 11 月获得连任，德国在 1916 年 12 月提出议和，直到这段时间，股市才结束从纽约证券交易所重新开业后的第一次牛市；这次牛市将道琼斯指数推高 110.5%，于 1916 年 11 月 21 日达到空前最高纪录的 110.15 点。

紧接而来的是 20 世纪 10 次最严重的熊市之一，全世界弥漫着硝烟。这次熊市在 13 个月的时间内使得道琼斯指数下降超过 40%。德国开始攻击战场附近中立国的船只，并在 1917 年 1 月开始忙于无休止的潜艇战，同年 2 月，美国与德国断绝外交关系，4 月 6 日，美国宣布参战。

1917 年 6 月，美国开始征兵；1917 年圣诞节的第二天，威尔逊总统几乎控制了美国所有的铁路，股市没有继续下跌。

随着协约国捷报频传、势如破竹，战争即将结束时，道琼斯指数已比两年前回升了 81% 以上。1918 年 11 月 11 日，双方签署停战协定，这天后来被定为美国老兵纪念日（Veterans Day）。直到 1921 年 8 月，美国和德国之间达成和平协议，20 年代的超级繁荣才开始出现。

20世纪20年代暴涨暴跌的背后

1917 ~ 1919 年，美国参加第一次世界大战的三年，政府支出增加 2 500%，股价因此翻了一番以上；1915 ~ 1920 年，消费物价指数也上涨了 110%。到 20 年代，通货膨胀基本平息下来，经济和股市上演了一出你追我赶的好戏。哈定总统在竞选游说中承诺将带领美国政治回到“正常状态”，他实现了他的诺言。这 9 年时间里艺术创作盛行，社会习俗得到解放，金融领域的投机活动十分活跃，这些因素让道琼斯工业指数在 1921 ~ 1929 年间增长 504%。**社会和平、通货膨胀、政治合作和社会及文化行为的整体变迁为这次繁荣打下了坚实的基础，然而，正是一系列使能技术的诞生真正引起了这次繁荣。**

禁酒令并没有抑制住这段时期人们对酒精的需求和消费。事实上，这种限制反而引起集体犯罪和投机热潮，但接下来 1920 年第 19 条宪法修正案的通过，给美国带来更大的积极影响，美国妇女从此享有选举权。这次新赋予的平等地位不仅让妇女能够投票，还让她们工作更加努力，让越来越多的家庭实现两份收入，使人们在消费主义新时代有足够的钱来花。

坚持自由主义的政府出台了许多促进经济增长的政策，工业和商业均因此繁荣；然而，中产阶级也能享受到的新使能技术促成了 20 年代的兴旺昌盛。量产的工业技术让汽车走进千家万户，这一重大事件带来了文化层面的“典范转移”。电影和无线电发展迅猛，政府提供资金修建新道路和高速公路，完好的基础设施建设使得汽车在全美畅通无阻。电线和电话线纵横北美大陆，随着新行业和商业机会的出现，一栋栋崭新的建筑从美国东海岸到西海岸如雨后春笋般涌现，发电厂一座接着一座，大大小小的城市也迅速建立起来。

所有这些经济层面的扩张和科技上空前的成就带来一种“美国无敌”的氛围，这又为随后肆无忌惮的投机活动和不负责任的金融行为火上浇油。从 1923 年 10 月～ 1929 年 9 月的 6 年，道琼斯指数稳步上升，期间仅有两个温和的衰退，分别是 1923 ～ 1924 年和 1927 ～ 1928 年。到这次为期 6 年的牛市最高点，道琼斯指数上涨了 344.5%，高于 1990 ～ 1998 年 294.8% 的涨幅。当时，散户购入股票后能获取 90% 的暴利。

1929 年 10 月 28 日和 29 日，股市全盘崩溃。股市发生挤兑，这是有史以来纽约证券交易所发生的最严重的崩盘。道琼斯工业指数在两天内下跌 23%，在 71 天内下降 47.9%。繁荣走到尽头，但当时那种戏剧性的崩盘方式空前绝后。我们至今尚未能充分汲取毫无拘束的投机和对金融市场松懈的监管带给我们的教训。

大萧条始末：股市噩梦的开始与终结

1929 年大崩盘只持续了短短的 71 天，作为最短熊市的记录保持了 58 年，直到 1987 年 10 月，一天内下跌了 22.6% 的崩盘几乎赶上 1929 年在两天内创下的下跌记录。

1987 年的黑色星期一标志着为期 55 天熊市的终点，最低谷时道琼斯指数下降了 36.1%，但这只是 20 世纪 80 年代和 90 年代超级繁荣期间的短暂衰退。而 1929 年大崩盘却仅仅是经济衰退的开始，1930 年 4 月，之前为期 5 个月的小型牛市终于因失去动力而消失，漫长的熊市拉开序幕。

华尔街上暴露出的道德违规事件和许多金融骗局，使得崩盘的压力再次聚集起来。20 年代的经济呈指数型增长之后，一天内损失数亿元财富的情况又一次出现，带来不小的负面影响。再加上股市泡沫的迅速膨胀和随处可见的狂热投机，投资者们的信心彻底丧失，多年未能恢复。股价一泻千里，破坏性极大，整个国家经济土崩瓦解，破产倒闭的企业不计其数，贷款冻结，失业增加，消费受到抑制，甚至还出现了银行倒闭和严重的通货紧缩。

中资国际投资黄河点评 >>>

危机期间，胡佛总统坚决反对由国家援助失业群众，城市中的无家可归者聚集的村落被称为“胡佛村”；流浪汉的要饭袋被叫做“胡佛袋”；由于无力购买燃油而改由牲口拉动的汽车被叫做“胡佛车”。当时有一首儿歌：“梅隆拉响汽笛，胡佛敲起钟。华尔街发出信号，美国往地狱里冲！”

1930 年，一场严重的干旱毁掉了从加拿大到得克萨斯州的北美平原，农产品价格因此疯涨。同时由于落后的农耕方式的影响，这次干旱在受灾地区升级为黑色风暴事件(Dust Bowl，1930 ~ 1936 年期间发生在北美的一系列沙尘暴侵袭事件。——译者注)，从 1930 ~ 1936 年，得克萨斯州和俄克拉荷马州的狭长地带附近数亿英亩的土地被毁于一旦。股市狂跌的严重程度空前绝后；胡佛总统整个任期期间，美国股市连续 4 年按两位数下跌。其他任何总统任期期间都没出现过这种惨况。

按照 1932 年 7 月 8 日的低点计算，道琼斯工业指数下降 89.2%，而 1929 年 381.17 的高点直到 25 年后的 1954 年 11 月才被超越。在史上最短牛市期间，道琼斯指数从 1932 年 7 月 ~ 9 月间的 61 天内上涨 93.9%。接下来的 5 个半月旧态重演，道琼斯指数在 1933 年 2 月 27 日下跌 37.2%，那天离富兰克林 · 罗斯福总统宣誓就职还有 5 天。

1933 年，富兰克林·罗斯福总统开始施行刺激经济的政策，并加强金融监管，但那时损失已然造成，不仅仅是美国，全世界都已陷入大萧条的泥潭。罗斯福总统就职后处理的首要课题就是规定法定银行延期偿付期限为 9 天。到 1933 年 3 月底，18 000 家银行中有 12 800 家重新开业。4 月，美国废除金本位制；6 月，《格拉斯 - 斯蒂格尔法案》（*Glass-Steagall Act*）得到通过，这也宣告了美国联邦存款保险公司（Federal Deposit Insurance Corporation）的成立。该法案还责令分离商业银行与投资银行。

12 月禁酒令废除，全美国都需要喝一杯。1933 年正处于大萧条谷底，美国的失业率达到 25% 的最高点。改革一直持续到 1934 年，当年成立了美国证券交易委员会并实施罗斯福新政。从 1933 ～ 1937 年的 4 年，经济持续增长，虽在 1934 年被为期 5 个半月的小型熊市打断，这次熊市短暂且温和，仅使道琼斯指数下降 22.8%。这是继 1923 年为期 5 个月、下降 18.6% 的小型熊市后出现的史上最严重小型熊市。

当时，美国正处于重建期，欧洲酝酿着极权主义；在亚洲，日本入侵中国、苏联和蒙古。1937 年春天，持续整整一年的熊市和经济衰退席卷美国。欧洲战鼓敲响，华尔街谣言不断，这些都吓坏了投资者。而罗斯福总统正试图让政府收支达到平衡，这也抑制了经济发展。

从 1937 年 3 月～ 1938 年 3 月，道琼斯工业指数下跌 49.1%，这是自 1900 年以来第三严重的熊市。1938 年 4 月，罗斯福总统逆转航向，不再致力于消灭财政赤字，加大政府支出，促进了美国经济的繁荣；这次繁荣不仅结束了大萧条，而且一直持续到第二次世界大战。

第二次世界大战对经济的洗礼

1939 年 3 月，德国吞并捷克斯洛伐克；1939 年 9 月 1 日，德国坦克部队入侵波兰，第二次世界大战爆发。德国与意大利结盟，英国和法国则对德国宣战。1940 年，德国入侵西欧，6 月，法国沦陷。同时，从 1938 年开始，中国在进行着抗日战争，直到 1941 年 12 月，日本轰炸珍珠港，宣布加入轴心国，而中国则站在同盟国这边。

到 1941 年底，世界已经完全处于战争状态。一方为轴心国，由德国、日本和意大利带领，另一方是同盟国，主要成员为英国、法国、苏联、中国和美国。第二次世界大战的爆发导致美国股市从 1939 ~ 1941 年间连续 3 年处于跌势。当美国于 1942 年参战，道琼斯工业指数在 4 月 28 日出现 92.99 点的最低点。接下来 4 年，同盟国的胜利使人们精神大振，战争机器带动经济增长，20 世纪第四次最长的牛市使道琼斯工业指数恢复 128.7%。

1945 年 9 月 2 日，日本向美国投降，第二次世界大战结束。战争的爆发一如既往地导致物价上涨。生活费用在 1941 ~ 1948 年间上涨了 74%，消费物价指数约从 42 上涨至 73。1946 年中期 ~ 1949 年中期的 3 年间，股市和经济趋于稳定，而 1949 年中期正是新一轮超级繁荣的开始。

1946 年中期 ~ 1947 年中期，第二次世界大战后的熊市和衰退成为过去，经济和股市都开始站稳脚跟。1947 ~ 1951 年期间，马歇尔计划（Marshall Plan，官方名称为欧洲复兴计划，指二战后美国对被战争破坏的西欧各国进行经济援助、协助重建的计划。——译者注）使得欧洲复兴，但由于杜鲁门主义与共产主义的对立，冷战开始。然而，1949 年欢乐的时光再次降临，在接下来 16 年里，第二次世界大战后的消费带动繁荣使得经济腾飞，股市持续上涨；同时，中产阶级可以享受到的使能科技成果不断扩大，城郊典范转移使许多新城市兴起，这些均促成经济繁荣和股市增长。并且，第二次世界大战期间取得的科技进步发展成为新工业。婴儿潮期间，城市中心和农场两极化的情形下，郊区开始扩大，所有人都需要一栋房子来放置电视机、冰箱、洗衣机、烘干机等电器。多条道路在土地上延展开来，这样大城市的美国人出行十分便捷。

1950～1975年：在政治的泥沼中指数持续向上攻击

对于美国来说，朝鲜战争是一场相当重要的国际军事活动，美国在这场战争中牺牲超过36 500人。它持续三年，比美国参加第一次世界大战的时间还长，却没有给股市带来大影响。1950年6月25日朝鲜战争爆发，两周半后，道琼斯工业指数仅下降12%，之后股市又恢复了涨势。

全世界人们仍清楚地记得第二次世界大战的胜利以及美国对日采取的原子弹袭击，这抑制了朝鲜战争对股市的影响。服役于第二次世界大战太平洋战场的美国军队仍驻在离朝鲜不远的地方，因此军队调动起来无需大费周章。第二次世界大战剩下来的东西随时可用，因此军事开支也相对较小。

朝鲜战争并没有消耗掉世界或美国的金库。通货膨胀的迹象也没有出现。1948年末～1950年初，消费物价指数下降，而在朝鲜战争期间，该指数仅上涨13%。悲惨的朝鲜战争对美国来说直至今日仍是重要事件，但它仅是20世纪50年代和60年代繁荣期间的小插曲。

尽管冷战在继续，20 世纪 50 年代和 60 年代期间股市仍处于涨势。杜鲁门、艾森豪威尔、约翰·肯尼迪和马丁·路德·金均是高瞻远瞩的领导人，他们鼓舞了全美。肯尼迪总统计划十年内将宇航员送上月球，他成功地做到了这一点，当时使用的是第一批集成电路计算机，这样的成果实在是惊人！马丁·路德·金通过非暴力抗议活动渐渐在全美推进平等权利和公正；城市化和工业化量产给公司带来巨额利润。和平、繁荣、消费和赶上“二战”后通货膨胀的新兴中产阶级所形成的巨大力量将道琼斯工业指数在 1949 ~ 1966 年期间整整推高 523%。

1964 年的美国《民权法案》于 7 月通过，该法案宣布种族歧视和种族隔离为不合法，种族关系愈发紧张。从 7 月底纽约城发生骚乱开始，20 世纪 60 年代后半期的美国一直笼罩在紧张氛围中。同时，越南民主共和国和美国之间爆发海战，约翰逊总统对此作出强硬回应；1964 年 8 月 7 日，东京湾决议在美国国会一致同意通过，批准林登·贝恩斯·约翰逊总统在东南亚使用常规军事力量，这标志着越南战争正式开始。

1964 年美国总统大选，约翰逊打败巴里·莫里斯·戈德华特当选；1964 年 11 月，美国将越南战争升级。1965 年 2 月，美国开始常规轰炸，3 月 8 日，第一批作战部队抵达越南。几天后，美联储主席小威廉·麦克切斯尼·马丁警告说经济将要呈现过热。1966 年，赫希集团（Hirsch Organization）合并并创建《股票交易者年鉴》（*Stock Trader's Almanac*），但这一年并不太平。5 月，美国军队开始向柬埔寨开火；6 月 29 日，美军对河内开展全面轰炸。

随着在印度支那（印度半岛东部的越南、老挝和柬埔寨三国。——译者注）的地缘政治碰撞激烈，在越南战场的美国军队在年终时已接近 500 000 人。1967 ~ 1968 年，美国社会及其股市对约翰逊主张的战争扩张、战场残杀、反战游行、骚乱以及马丁·路德·金和罗伯特·肯尼迪被刺杀等事件做出剧烈反应。紧张的局势抑制股市，军费从 1964 ~ 1968 年上涨 50%，并开始为通货膨胀埋下隐患。消费物价指数到 1968 年底时一直以每年 5% 的速度上涨。

由于 1969 年市场逐渐显示出疲软迹象，美联储开始对抗通货膨胀，把基准利率调至历史最高。接下来，尼尔·阿姆斯特朗在月球上代表人类迈出第一步；约 500 000 名嬉皮士聚集在伍德斯托克庆祝世界上最著名的摇滚音乐节；第二次世界大战后首次恢复征兵。

1970 年，美国受到诸多抗议和游行的困扰，这些游行主要针对越南战争、种族主义、经济萧条、妇女及少数民族的人权、环境问题等等。1970 年 4 月 30 日，美国军队进入柬埔寨。5 月 4 日，俄亥俄州的肯特州立大学举行反战游行，国民警卫队警员射杀 4 名学生；5 月 15 日，警察朝密西西比州的杰克逊州立大学里的游行队伍开枪，2 名学生身亡。理查德·尼克松总统任职期间，华尔街的情况让他操碎了心。

1970 年春，各种不稳定事件一齐爆发，导致标准普尔指数在 4 个半月内下降 25.9%，在 5 月 26 日达到熊市最低点。

1971 年，尼克松总统取消美元与黄金之间的兑换，并实施工资控制和价格管制，这些政策扭转了局势，并由于美国在越南民主共和国加大轰炸火力，股价持续越低。通货膨胀日益严重。1971 年底，消费物价指数从东京湾决议通过时的 93 点一路上涨至 123 点，涨幅为 32.3%。1973 年 1 月 11 日，和平的前景和尼克松成功连任把道琼斯指数推向 1 051.70 的高点，此高点在 10 年内都没被超越。

1973 年 1 月 27 日，《巴黎和平协约》签订，美国正式停止直接参与越南战争，但战争仍往后拖延了 2 年才宣告结束。1974 年，汉克·阿伦（Hank Aaron，美国职业棒球员和棒球名人堂的成员之一。——译者注）击出 715 次本垒打，打破贝比·鲁斯（Babe Ruth，美国棒球史上最有名的球员，被球迷昵称“棒球之神”。——译者注）的记录，但也是这年，骚乱笼罩着美国。

尽管 1973 年 10 月 19 日开始的阿拉伯石油禁运在 1974 年 3 月 18 日得到解除，但损失已造成，石油禁运导致美国出现严重的经济衰退，此次衰退一直持续到 1975 年。

1974 年春，水门事件的听证会和审讯让联邦政府极为难堪。尼克松总统为避免遭到弹劾，于 1974 年 8 月 9 日被迫辞职，成为第一位以辞职离任的美国总统。新闻一出，股市立即大幅下跌，标准普尔指数在不到 2 个月内下跌 23%，而道琼斯指数到 12 月时已下降 27.6%，这次下跌不仅处于 1973 ~ 1974 年熊市的最后暴跌期间，也处于 1966 年的最低点到 1982 年的长期熊市期间。1975 年 4 月 30 日西贡（胡志明市的旧称。——译者注）沦陷，最后一批海军陆战队撤出使馆。1975 年 5 月，红色高棉劫持了美国货柜船马亚圭斯号，这次事件标志着美国在越南战争中最后的战役。

1976～1999年：社会激荡中的股市插曲

1976 年 12 月，人们庆祝美国建国两百周年，“海盗二号”成功登陆火星，石油输出国组织再次将油价上调。1978 年，越南战争后出现能源危机，通货膨胀开始真正升温。消费物价指数飙升117%，从1964年的93点上涨到1978年的202点。1979年美国三里岛核电站事故阻碍了美国核动力的发展，而核动力本应能减少美国核能试验，减轻能源痛苦，就像它现在能做到的一样。

1979年7月15日，石油输出国组织上调原油价格，能源危机爆发。同一天，吉米·卡特总统开始推行能源保护政策，该政策为期10年，耗资1 400亿美元，目的为降低美国对外国石油的依赖。由于威廉·亨特和尼尔森·亨特兄弟试图垄断白银市场，黄金价格陡然上升；另外，伊朗占领美国大使馆并扣押人质。反通货膨胀的斗士保罗·沃尔克接受任命成为美联储主席后，美国及其经济均得到发展，因此，从1978年9月～1980年4月的为期17个月的熊市期间，道琼斯指数的跌幅被控制在了16.4%之内。

1979～1981年，通货膨胀率高涨，利率突破历史记录，原油价格上涨，美国抵制1980年莫斯科夏季奥林匹克运动会，苏联入侵阿富汗并对其实行经济制裁。除此之外还有伊朗人质危机和亨特兄弟引起的白银灾难，这些事情将美国经济推入一段到1982年中期才结束的熊市和衰退期。1982年，美国国民生产总值下降1.8%，这是自1946年以来下跌最严重的一次。同年11月，失业率高达10.8%，为大萧条时期以来的最高点。

几千年来，古人一直用如算盘这样的工具进行计算。两千年来，机械计算设备从天文钟发展到计算机。据《牛津英语词典》的定义，“computer”一次于1613年首次使用，指“进行演算或计算的人”。

1801年发明的穿孔卡片织机使得赫尔曼·何乐礼（Herman Hollerith）在1896年创立了制表机器公司（Tabulating Machine Company），该公司是1924年改名国际商业机器股份有限公司

(IBM)的核心。第一批电子计算机于 1940 ~ 1945 年研发成功。从 50 年代后期到 70 年代，IBM 和被称为“七个小矮人”的宝来、通用自动计算机、NCR、控制数据、霍尼韦尔公司及美国无线电公司和通用电气公司合力生产出电脑主机。然而，直到 60 年代和 70 年代初期，互联网、个人电脑和信息革命的种子才生根于可编程计算机语言、信息分组交换技术和集成电路微处理器的开发之中。

在《编程语言》(*A Programming Language*)中，肯尼斯·艾弗森（Kenneth E. Iverson，计算机科学家，最重要的贡献是开发了 APL。1979 年他因对数学表达式和编程语言理论的贡献得到图灵奖。——译者注）讲述了自己在哈佛时如何发明了数学符号，并于 20 世纪 60 年代初在 IBM 工作时将它们应用到 IBM 的系统中。1969 年，阿帕网络（ARPANET）和 TCP/IP 互联网协议诞生。当多用途的商用 4004 微处理器于 1971 年面世时，我们已经为“信息时代”的到来打下了深厚基础。

在接下来的 10 年，个人电脑从最初惠普公司的 BASIC 语言编程计算机发展到 1983 年 1 月发布的苹果二代 e 电脑。1982 年，微软磁盘操作系统引入 IBM 的个人电脑，同时股市暴涨。美国在线服务公司（AOL）于 1985 年开始提供在线服务，万维网于 1992 年诞生，这让股市飙升到外太空。移动电话和无线科技让投机泡沫膨胀到爆破点。与朝鲜战争类似，1990 年和 1991 年的海湾战争是一次由单边入侵挑起的重要国际军事行动。伊拉克占领科威特，随后联合国对伊拉克实施全球贸易禁运，并要求伊拉克在 1991 年 1 月 15 日之前撤兵。

军事干预得到授权，美国、北大西洋公约组织、海湾国家和其他来自世界各地的国家近 100 万的盟军派遣至伊拉克和科威特。

全世界齐心协力地保卫科威特。当时的联席会议主席科林·鲍威尔的信条是派出“绝对优势兵力”，在此信条的领导下，“沙漠风暴行动”成为美国历史上行动最快、致死率最小、花费最低的军事行动。

战争的战斗行动实际上仅持续了 6 周，其中地面战斗战斗阶段仅维持 4 天。

1991 年 2 月 27 日，美国及其盟国打败伊拉克，解放科威特。当时，所有人都陶醉于战争的实况报道，鲍威尔和联军指挥官诺曼·施瓦茨科夫举行了一场梦幻般的记者招待会，而该事件对经济、股市或通货膨胀几乎没有带来任何持续性的影响。

1990 年初，苏联解体，储蓄和借贷危机渐入尾声。1990 年 10 月 11 日，历史上最长的牛市开始历史性的崛起，一直持续到之后出现的最短纪录熊市。这次熊市因亚洲货币流感和俄罗斯卢布暴跌引起的全球货币危机引起。1998 年夏天，道琼斯指数于 45 天内下降 19.3%。著名的货币对冲基金美国长期资本管理公司受到这次危机的影响，美联储前后总共援助了 35 亿美元。

8 月和 10 月，市场在冲刺到 2000 年的顶点之前形成双底。在超级牛市的最后阶段，科技公司上市潮和股票当日买卖使互联网股票泡沫膨胀到极点。20 世纪的大繁荣期间，道琼斯指数上涨 1 447%，从 1982 年 8 月 11 日的盘中交易 770 的低点涨至 2000 年 1 月 14 日的盘中交易 11 908.5 的高点。

1999 年末，保持市场公平竞争的金融监管条例被取消。11 月 12 日，克林顿总统签署生效的《金融服务法现代化法案》（*Gramm–Leach–Bliley Act*）废除了 1933 年《格拉斯 - 斯蒂格尔法案》的一些关键条款。《格拉斯 - 斯蒂格尔法案》阻止任何银行、证券公司和保险公司扮演投资银行、商业银行或保险公司的多重角色。同样由克林顿总统于 2000 年 12 月 21 日签署生效的《商品期货现代化法案》直接撤销了对老奸巨猾的买卖双方直接进行金融衍生品交易的管制。

两件事为次级抵押贷款的彻底失败打开了大门。一件是担保抵押证券及信用违约互换等影子银行体系的出现，另一件是 2007 ~ 2009 年的全球金融危机、经济衰退和熊市，其余波影响至今。

股市繁荣需要土壤

现在我们已经回顾完我们曾经走过的路，而且不少人有满衣柜的 T 恤纪念衫作证明。我们也许没有亲眼目击“9·11”事件，然而，这次袭击事件与 1914 年斐迪南大公遇刺、珍珠港事件、东京湾事件之间的差异并非很大。它们都是目的为挑起战斗的随机国际暴力事件。

20 世纪的两个转折点，即大萧条和 70 年代滞胀，对人类活动产生了重要影响。猖獗的投机活动、不健康的市场以及监管缺失让诈骗行为和操纵行为毒害了市场。然而，一旦和平时期到来，通货膨胀便会减弱，明智的政府迅速采取措施，创新发明繁盛，经济发展，而股市则飙升至新高。

重点回顾

- 战争和金融危机是经济和股市萧条的核心元素。通货膨胀和执政无力延长萧条的持续时间。
- 和平、物价稳定、政治有效性和创新发明能引发新一轮长期繁荣并使之持久，推动市场发展。

第 4 章

即将到来的繁荣

细数经济复苏的预兆性指标

Coming Boom The Coming Boom The Coming Boom The Coming Boom

历史证明，超级繁荣大多酝酿于金融危机时期。
过去 10 多年，我们经历了互联网泡沫、
“9·11”事件和次贷危机引起的金融风暴。
诸多迹象表明目前的股市已经探底，
但什么时候市场才会真正宣告复苏？
你做好迎接股市 500% 涨幅的准备了吗？
本章为你细数经济复苏的预兆性指标，
让你走上成为股市高手的第一个台阶。

经济的“天启四骑士”是能简单有效地衡量经济的常见数据，它们分别是：道琼斯工业指数、消费者信心指数、通货膨胀率和失业率。

历史上的超级繁荣均酝酿于战争时期和金融危机时期。这期间需求受到抑制，政府支出不断增加，通货膨胀迅速增长；接着，它依赖于世界和平、政治领导和有效治理；最后，使能技术革命带来文化层面的典范转移，让世界焕然一新，改变了普通民众的生活方式，促进经济繁荣。

一旦战争结束，债务到期，通货膨胀便达到最高点。几年后，通货膨胀率趋于平稳，金融危机和恐慌有所减缓，由于受政策的大力支持，国家经济站稳脚跟，重大的新科技创新和生活方式将点燃新一轮繁荣。消费支出的增加刺激经济增长，商人、创业者和投资者身上恢复了凯恩斯所说的“动物精神”，这给经济繁荣挂上了高速挡。对新产品和服务的需求使得消费支出逐渐增多，因此进一步把繁荣推上高速公路。

现在美国的失业率很高，大衰退的危险并未完全消退，全球债务危机越来越让人担忧。这些消息充斥着新闻头条，普通投资者们的耳边全是来自经纪人、家人、朋友和政府的坏消息。因此，当我在 2010 年 5 月预言说 2025 年时道琼斯工业指数将达到 38

820点的时候，很多人认为这简直荒谬。然而，所有大胆的预测在被证实之前都遭到嘲讽，我早有心理准备。事实上，这次将要到来的超级繁荣不仅合理，而且从数学和历史角度看也是可能的。历史上曾经出现过几次相当大的涨幅，在它们出现之前通常是社会动荡不安，经济持平。事实上，由于这几次大型涨幅很有规律且成因明确，我们已经成功地认清它们产生的原因、方式、时间以及在其产生前后应该怎样调整投资策略。以史为鉴，我们能看清未来。

股市新一轮500%涨幅的迹象于2002年9月开始成形；从2000年1月互联网泡沫破灭开始的长期熊市已呈现首次下跌趋势，当时这个趋势正趋于尾声。入侵伊拉克的战争不久后打响，并且股市还陷入中期选举活动的影响之中。

个人投资者仍对股市心存疑虑，华尔街的权威评论者和经济学家基本位于天平的两端，接下来要么是新一轮牛市，要么是世界末日。然而，不祥之兆显而易见，长期熊市已经处于末期。我们将要面临的是数年的恢复期，但新一轮的超级繁荣已在悄然酝酿当中。大量资金正等着再次投入市场；当它们重回市场时，警报解除的号角便会吹响。这一章讲述过去12年里发生的一系列不幸事件，并指出那些应当注意的预示新一轮繁荣的证据。

21世纪头10年道琼斯指数的因果报应

2009年3月，像道琼斯和标准普尔这样的老派指数出现新低，但纳斯达克指数的情况则不同。相比蓝筹股指数，纳斯达克指数能更好地反映经济和股市情况。悲观者预言，道琼斯指数将出现新低。和 1929 年 1 月一样,2000 年也出现了投机性股市泡沫破灭，持续近 3 年的崩溃带来沉重打击。

然而，在 2000 年，虽然纳斯达克指数一蹶不振，但老派的道琼斯蓝筹股表现相对更好。道琼斯指数在 2000 年 1 月 ~ 2002 年 10 月期间仅下降 37.8%，而在 1929 年萧条期下跌了 89.2%。而这次正是互联网公司股票、无线通信公司以及另外几个在会计上动手脚的公司使得纳斯达克指数下降 77.9%。总的来说，这种情况与 70 年前相似。

在时长方面，到 2002 年 10 月 9 日熊市终结，这次下跌恰好持续了 999 天。从 2007 ~ 2009 年，所有主要的指数均被削减过半，道琼斯指数也得到因果报应。然而，纳斯达克指数在 2002 年创下的低点仍没有被打破，这意味着股市正经历 21 世纪的战争长期熊市低谷。

2001 年的“9·11”事件是随后的伊拉克战争、阿富汗战争和全球反恐战争的直接导火索。10 月 7 日，美国部队袭击了阿富汗境内的军事堡垒。2003 年 3 月 20 日，美军对伊拉克进行空军轰炸，并随后进军巴格达。2003 年 5 月，小布什总统宣布“任务完成”，但实际情况并非如此。如同 1999 年的情况，从 2002 年 10 月 9 日的年中低点到总统大选前的 2003 年的最后一天，股市上涨了 43.5%。纳斯达克指数在 2003 年上涨 50%。从 1939 年开始，总统大选前一年总是保持上涨，这个规律将持续下去。由于战争继续拖延了两年，道琼斯指数在 10 500 的位置持平。之后由于相关

中资国际投资黄河点评 >>>

中国最大的影子银行是信托公司和银行的千奇百怪的理财产品，这是金融体系中最大的风险。银行仅占中国融资总额的一半，其余部分来自各种信托公司、金融公司等。它们要么受到的监管不如银行那么严格，要么根本不受监管。这就是中国的信贷增速总是超出官方目标的一个原因。

管制解除、监管松散、掠夺式贷款行为和影子银行等一系列问题，信贷和房地产泡沫不断膨胀。

房地产为何突然间成了泡沫？

房地产市场处于金融危机的中心地带。通货膨胀和之后的房地产泡沫破灭是华尔街历史上的重大事件，也会在接下来的世世代代被人们分析讨论。让我们展望一下前景。泡沫经济通常都显而易见，特别是我们在回顾历史的时候。要量化互联网泡沫非常容易；纳斯达克指数曾上涨到 5 048，后猛然跌至 1 114。这些数据在任何长期纳斯达克指数图表上都清晰可见。

房地产局势并未形成定局，投资者受到房地产市场冲击的主要原因还是没有一个更可靠的经济相对水平的测量标准。到底是哪些原因引起了房地产泡沫？有些人声称是因为“9·11”事件之后紧随而来的过分宽松的货币政策；当时，美联储的目标利率是在接下来的 3 年中，利率须维持在低于 2% 的水平。另一些人则认为真凶是非法借贷行为和民众对于政府的过度信任。然而，真相处于两者之间。要怎么才能解决一个大部分人都无法说清的问题？经济复原的迹象又会是怎样？

贷款者和借款者贪婪、傲慢、不负责任而且愚不可及，因此才导致房地产泡沫。尽管人们习惯归咎于华尔街和银行，但错误并不全在于它们。没有人强迫那些没有足够支付能力的人买房，也没有人让房主把自己的房子当成是自动取款机。美国原本是建立在牢固的财政储蓄制度之上，但现在却已迷失方向。在房地产市场趋于稳定之前，美国经济仍处于水深火热当中。房地产泡沫的严重程度是任何人都始料未及的。最近，相当数量的媒体再次报道房地产市场复苏的相关消息，公众情绪和销售数据也确实有所改善。但根据我们追踪的四项关键房地产数据，报道中所说的复苏并不那么明显。

这四项关键数据分别是成屋销售额、住宅动工数量、新屋销售额和由美国国家住房建筑商协会（National Association of Home Builders）发布的房屋市场指数（Housing Market Index）。大出血已经止住，但房地产市场仍需持续治疗才能再次恢复健康，变成国家经济的有力支柱。四项指数保持持续上升，这种趋势能帮助我们预测经济将何时站稳脚跟。

成屋销售额：成屋销售额是直接关系到个人的最重要的数据。它反映人们买房的宽裕度和住房的相对价值。2006年，该指数大幅上升，这反映当时市场是多么紊乱！人们不仅购买不应买的房屋，还有不少人为了赚取快钱而抛售房屋。美国每年有 700 万住房转手，这情况很不对劲。2006 年的数据应该已经给宾夕法尼亚大街的白宫敲响了警钟。

到 1996 年，成屋销售额还一直维持在相对稳定的水平。虽然出现过很多摇摆不定的时候，但摆幅都很小，毕竟家庭住宅是一项长期投资。成屋销售额最近已经渐渐呈平稳状态，但我们并未完全脱离险境。许多房屋出售时受损严重，不少被取消赎回权。成屋销售额自 2005 年达到顶峰之后开始走下坡，波动很大。销售额在 2009 年迅速上涨后，又于 2010 年因购房税惠政策而再次增高，但购房税惠政策在当年被取消。当成屋销售额最终稳定下来时，谷底位置就显而易见了。

住宅动工数量：住宅动工数量表明建造商对待房地产市场的态度，该数值的重要性体现在两个方面。首先，建造住房能提供大量工作机会。如果新住宅建造得少，所有的建筑工人都将面临失业。其次，住宅动工数量是预测市场愿意承担多少风险的主要指标。市场发展良好的时候，住房建造商增加建设，期待着将来能把房子卖出去。当市场风向转变时，他们马上就改变计划。

从1991年的房地产低谷到2006年的高峰期间，住宅动工数量从年率80万户到超过227万户，这个数字在1972年后从未出现过。高峰过后，住宅动工数土崩瓦解，退回到50万户以下，美国政府现在正努力突破该水平。尽管现在美国利率处于历史低水准，但住宅动工数量却依旧不见起色，主要原因是市场低需求和限制性的贷款政策。由于信贷市场冻结，建造商无法筹措足够的资金来购买土地和原材料，也无法支付薪水。尽管住宅动工数量看似处于平稳状态，但它将是最先能够预测经济复苏的指标。

新屋销售额：销售房屋比建造房屋要迅速得多，这使得在建房屋存货越来越多。住房建造商试图结算账目，并相应地安排新建设。从2005～2010年的5年，新屋销售额跌落悬崖，从140万户跌至28万户，跌幅高达80%，且现在仍比最低水平高不了多少。新房供过于求的现状持续压制住房价格，并因此流失了新建设带来的工作机会。当房地产市场完全恢复正常后，它将提供最重要的确认信息。

房屋市场指数：美国国家住房建筑商协会的房屋市场指数是观测房地产市场整体健康状况的最佳指标。房屋市场指数在预测临近失败的市场方面领先于经济曲线。从 2005 ~ 2006 年，房屋市场指数趋于平缓，而且正好在经济曲线开始下降之前呈现出下跌走势。在经济曲线明确显示复苏之前，房屋市场指数将提前出现积极信号。当该指数高于 50 时，这意味着走势良好，低于 50 则代表衰退。从 2007 年开始，该指数一直在 20 以下徘徊。尽管过去两年间有所回升,但都转瞬即逝。大幅摇摆都是假象，这说明不能脱离现实去看房屋市场指数。然而，现在给出房地产市场回升或下跌的警告均为时过早。这个数据须随时观测。

经济已受到严重伤害，大家须齐心协力才能修复它，从而让住房建造商、银行和美国公众重拾信心。房地产曾经带领我们度过最美好的时光，我也相信它将再次帮助我们走出现在的混乱。通过仔细观察这四项指标，大家能够掌握经济和股市情况，以及它们重要的走势。只有房地产市场康复，真正的牛市才可能到来。

信贷市场已开始解冻，建造商正贷款购买土地和原材料并支付工人工资，住宅动工数量在年率 70 万户的位置摆荡。住宅动工数量已趋于稳定，但仍低于过去 30 年的低水准。这标志着能带来下一轮繁荣期的经济复苏已经开始。新屋销售率仍然在曲线图的最底层徘徊。持续增长的新屋销售数量将成为新繁荣期的最终征兆。成屋销售额和房屋市场指数最近已显示出勃勃生机。虽然房屋市场指数已经突破 20，这很鼓舞人心，但离 50 仍有一段距离。

天启四骑士：经济复苏的权威信号

国际恐怖主义、伊拉克、阿富汗、伊朗和朝鲜、房地产市场、就业机会、大型基础建设的停滞以及美国昂贵又低效的医疗保健制度等问题正困扰着美国。这些问题须各个击破，但将影响全球的最重要的问题是：伟大的美国经济将走向何方？自第二次世界大战以来一直为全球提供动力的经济发动机现在亟须彻底检查。

尽管美国看上去已经挺过了金融危机和大衰退，但这个国家的经济模式仍然没有任何进步，美国人对现状感到十分不满。在经历 25 年的繁荣期后，美国后退到了 70 年代滞胀水平的边缘。说得直白一点，美国的经济状况很令人失望。

一些旨在使美国经济好转的想法并没实现，如绿领工作、巩固中产阶级、全面政府改革和修改免税代码。如果经济持续恶化，华盛顿宾夕法尼亚大街两端的白宫和美国国会大厦均须任用全新的领导。

不少人对美国经济的近期走势预测悲观，但许多广受尊敬的经济学家的结论并非如此。要么现今的政策能够满足各处的微调，要么就重新修订经济政策。经济的“天启四骑士”正是这种能简单有效地衡量经济的常见数据，它们分别是：道琼斯工业指数、消费者信心指数、通货膨胀率和失业率。它们分别能代表美国经济实力的单个方面，合起来看又能帮助大家看到一幅全景图。

道琼斯工业指数：即便是最虔诚的道琼斯理论家也承认该指数有它的局限性。标准普尔指数的范围更广，而且由于平衡了各个行业的权重，标普更准确地反映了目前的趋势。纳斯达克指数则能更好地反映创新和增长。但作为衡量整个美国经济的健康状况的标志，道琼斯的地位无可替代。

道琼斯指数表现良好，说明美国走势强劲；道琼斯指数陷入恐慌，这不仅波及华尔街，还将影响缅因街（Main Street，与华尔街相对，代表平民阶层或社会主要阶层利益。——译者注）。投资者受到的影响最大，其中大多数是那些上层中产阶级以上的人。他们参加 401(k) 退休福利计划，拿奖金，拥有共同基金或投资组合。

消费者信心指数：消费者信心指数基本代表中产阶级对经济的态度。过去的 20 年，美国中产阶级大部分时候受到社会的挤压。消费者信心其实就是消费者的直觉和期望，是缅因街经济的请示书。经济上的好消息帮助恢复信心，但维持在 70 左右的消费者信心指数表明美国中产阶级消费者仍然处于疲乏状态且缺少现金。零售支出额有所回升，但无奈起点实在过低。只有等消费者信心指数提高到 20 世纪 80 年代初期的 90，我们才能期待经济出现持久复苏。

通货膨胀率：通货膨胀对中型企业主的影响较小，但对小企业主打击沉重。通常来说，相对于上层中产阶级到低上层阶级，小企业主才是美国的脊梁。小企业给上千万美国人提供工作机会。如果它们经营状况不好，广大群众将深受牵连。持久不降的通货膨胀率总是带来经济问题，而极端的通货紧缩同样是经济毒药。

用生产者价格指数和消费物价指数来衡量的话，通货膨胀正呈现上升趋势。在经济恢复的时候，这个趋势很有利。这是把经济和股市推入下一轮繁荣期的开端。在未来的某个时间点，通货膨胀须减缓，不然经济将过热。近几年不太可能出现这种情况，但通货膨胀率迟早也会呈现下降趋势。美联储和其他经济政策制定者也是不完美的人，他们很可能像以前一样过度采用融通性货币政策。数据的滞后性和复杂性使得我们难以准确测定货币政策应该变化的时间。

失业率：在经济动荡时期，失业率是中产阶级的最终裁决者。当经济严重不稳定时，失业将慢慢往上渗透到高级管理层。美国的就业情况紧张到一种在20世纪80年代的双底衰退之后再也没有出现过的程度。然而，这个绝对程度并不是唯一关键的因素。美国上班族人数增加或减少的趋势同样很重要。失业率已经脱离危险，但最近突然上升，这十分令人担忧。只有失业率持续走低，经济才会走向真正的复兴之路并达到更高的增长率。

经济状况正断断续续地出现温和而稳健的改善。劳动力市场已经出现生机，房地产市场也恢复了脉搏，但在几个月的复苏之后，数据又有所回落。从1998年夏季开始，道琼斯工业指数一直持稳。大衰退的谷底之后，消费者信心有所提升，但在2011年经济扩张减速之后该指数迅速下跌。2009年，消费物价指数基本为负，现在以每年 3% 的速度上涨，但与 2001 年相比已上升 29%。失业率一直都是顽疾，但终于大幅走低。在这次长期熊市进入冬眠期以前，失业率可能再度升高。

从 2000 年开始，我们处于持续低迷的熊市之中，就业机会成了“经济的黑马”，是复苏的关键。官方失业率十分滞后，通常在熊市结束 9 个月后达到顶点，有时甚至要一年。首次申领失业救济人数是一个紧跟实情的失业度量标准。该指数每周更新，而且仅是衡量首次申领失业保险的人数，这避免了政府在统计上要把戏。

衰退期熊市的最低点通常在首次申领失业救济人数达到最高峰的两个月内出现，历史上仅有一次例外。从 1967 年起，首次申领失业救济人数一般在经济衰退期间的熊市最低点后一个月内攀升至顶点。然而，1990 年 10 月，该指数在由科威特战争引起的最低点的两个多月后才达到顶峰。1991 年 3 月盟军把萨达姆·侯赛因的军队从科威特驱逐出境，5 个月后，指数达到顶点。2009 年 3 月末，首次申领失业救济人数先达到顶峰后转而下降，那时正处于经济谷底出现的 3 周后，这表明熊市已经结束。而该数字持续降低，意味着经济情况在好转。接下来的几年中，该指数可能将像 1974 ~ 1984 年间的复苏期时那样陡然上升。

黎明前的黑暗：股民不必太过悲观

经济最低点和股市低谷看上去已离我们而去，而实际没那么简单。从 2001 年 10 月算起，消费物价指数仅上升 29%。奥巴马总统试图稳住局面，但我们还将拭目期待他展现出坚定不移的领导力。如果国会和白宫的共和党领导人无法让美国继续前行，秉持革新理念的新领导人将取而代之，在接下来8年里建立一个治理更加有效的联邦政府。

充分地交流与联系让全世界和谐相处，然而一些热点地区仍然麻烦不断，不仅是朝鲜、近东、中东、撒哈拉以南非洲地区、海地等，还有美国国内的大小城镇。美国的诞生让世界上出现第一个真正的代议政体，她拥有自由市场体系，使得全世界在不断趋于稳定的增长、和平、平等权利和公正的道路上前行。由于美国已经学会掌控环境，因此也能让许多不稳定的因素稳定下来，例如扩张与萎缩、投机与投资、创新与增长和国际力量间的纷争。

过去30年，经济情况着实混乱。我们经历了80年代和90年代的超级繁荣，而“9·11”事件之后，美国在几个地方持续着长久的战争，并同时忍受着资产与债务泡沫、数次金融危机、股市崩盘以及大衰退。然而，我认为现在情况好于过去的经济萧条。我不必苦等21世纪的汽油管道出现，等待那像1973年末、1974年初和1979年还是小孩的时候我所经历过的凭牌照配给的日子。

1982年和2000年的超级繁荣十分相似，均受到婴儿潮一代的消费主义和突飞猛进的科技进步的推动。这种情况很难再次出现。第一次世界大战和第二次世界大战后的繁荣只是热身。那时没有婴儿潮，但是移民潮带来需求，他们想通过新理念和努力工作来达到更高的生活水平。

20世纪80年代和20世纪90年代的大多数创新在20世纪前80年或更早开始就已经孕育成形。然而，正是上一代人在科技方面实现的创新让经济、社会和股市涨至新高。

前景也许看上去十分黯淡，但正如1932年7月约翰·洛克菲勒在 93 岁生日那天所说的“萧条来来去去，繁荣总是回来，以后还会回来”。我们经历过的经济和财政方面的挑战不在少数，然而，在稳定的政局、全球暴力减少、通货膨胀、人类创新和生活热情的支撑下，我们将再次战胜这些困难！

通货膨胀单独出现无法引发经济繁荣，新的创新发明或技术突破必不可少。20 世纪 20 年代，亨利 · 福特将流水线引入汽车生产。第二次世界大战引发婴儿潮和美国郊区化，航空技术的发展让地球缩小了很多。70 年代滞胀的经济废墟中诞生了微处理器，它最终带给大家个人电脑、互联网和能助成一切伟大事业的全球通信基础设施。

老龄化群体并不是我们的软肋，他们为我们的经济提供了重要机遇。生物科技公司和制药公司清楚认识到这点，他们夜以继日地工作来满足这部分人口的需求。个人电子产业急需源源不断的动力，我们的社会越来越意识到使用碳氢化合物的坏处。在未来，我们将需要廉价、清洁的可再生能源。

外部事件可能加速或延迟道琼斯指数到达 38 820 点。欧洲的超级粒子碰撞器或将提前把我们带到科技的新高点。

相信我，科学家都急于将自己的努力转为资本。伟大的发明和针对现代问题的解决方案随时都可能被发掘。尽管人人都将感到愤怒，但恐怖分子毕竟也会有得手的时候。我们无法准确地预测这些事情的走向。然而，几千年的人性和无数次对困难的克服至少值得大家拿出一部分退休储备金来打赌。

中资国际投资黄河点评 >>>

经济复苏和市场转暖同样是生活的一部分，衰退就是复苏的序幕，跌跌涨涨，无论衰退还是复苏，都是正常的，与衰退期相比，经济复苏时期的持续时间往往更长，程度也更猛烈。（肯 · 费雪《下一个暴富点》[M]. 广东：广东人民出版社，2013）

道琼斯工业平均指数将于2025年达到38 820并不是一个市场预测，它是一种期许，坚信人类的创造力将带领我们走出逆境，正如它之前多次所做的那样。

你做好迎接500%涨幅的准备了吗？

图4.1形象地表现出我作的长期预测。从图中可看出，股市将在2017年或2018年的时候持平或走低，道琼斯指数在腾飞之前将维持在7 000点到14 000点的区间内，之后它将呈现500%的涨幅，从2009年3月6日6 470的盘中低点上涨至2025年的38 820点。

这个预测背后的计算条件考虑到了美国将海外战争撤兵。接下来5到10年内，由于股市将膨胀6倍，政府大量支出带来的通货膨胀将有所减缓，宽松的货币政策将被逐渐取消。最终，替代性能源、生物科技和其他尚未被探索的领域将涌现科技创新，从而给全球带来文化层面的典范转移，就像过去汽车、电视、微处理器、互联网和手机那样，促进经济呈指数型增长。也就是说：**战争与和平+通货膨胀+长期牛市+使能科技=500%涨幅的超级繁荣。**

为了制出这张图表，我主要研究了20世纪围绕在第一次世界大战、第二次世界大战和越南战争出现的三段主要繁荣与萧条周期的市场行为和全球经济趋势，以及持续低谷期间和上升繁荣期间的每月、每季度和每4年为一周期的走势。

道琼斯工业指数还将受到10 000点压力测试。该指数在2012～2013年停留在14 000的价格涨停点之后，随着美国从阿富汗

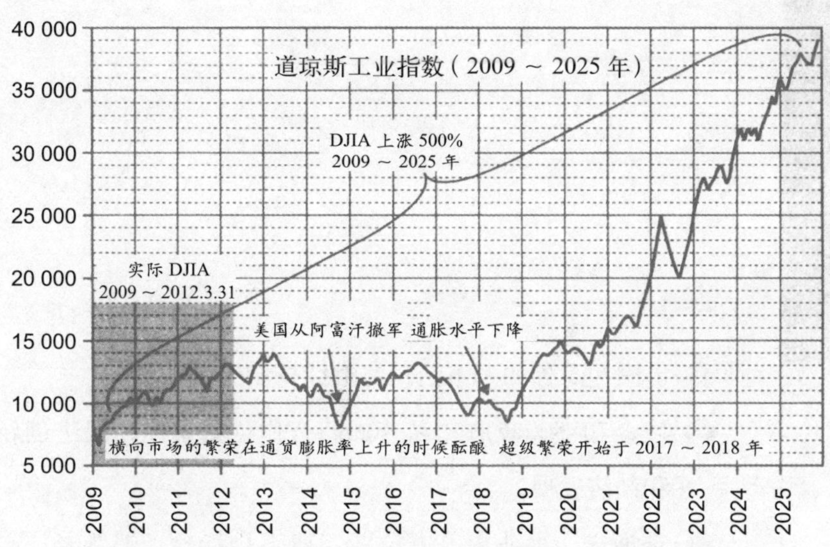

（DJIA：道琼斯工业平均指数，后同）

图 4.1 道琼斯工业指数预测（2009 ～ 2025 年）

撤兵，2013 ～ 2014 年的道琼斯指数很可能跌破 8 000 点。价格停涨点有可能出现在 2015 ～ 2017 年，位置接近 13 000 ～ 14 000 点。由于通货膨胀率开始趋平，下一轮超级繁荣即将开始，2017 ～ 2018 年将重现 8 000 的低点。到 2020 年时，它可能达到 15 000 点；在短暂的回落后，2022 年时道琼斯指数将带领我们迈向 25 000 点。2022 年中期的熊市之后将迎来 3 ～ 4 年的暴涨，道琼斯指数将升至 40 000 点。

重点回顾

- 美国在海外的军事活动将继续抑制经济和股市。
- 社会和平为政府和私营部门合作创造条件，促进创新和经济发展。
- 房地产、失业率、道琼斯工业平均指数、消费者信心和通货膨胀可以预示下一轮超级繁荣的到来。

第5章 当权者的阴谋

政治活动如何影响股市波动

Portfolio Gets Political Your Portfolio Gets Political Your Portfolio Gets Politica

股市波动背后，政治活动常常起到关键性作用。
为何选举前股市常常迎来狂欢，
而后选举年股市又一片哀鸿？
当政府出现丑闻，股票投资者应该买进还是卖出？
股市永远不会是单纯市场作用的结果。
掌握政治活动的规律，
你就能先一步在股市中发现获利良机。

我把一个世纪以来 17 次成功连任的情况统计起来，发现道琼斯指数在选举年的平均涨幅为 15.3%。其余 11 次执政者下台时，道琼斯指数平均下降 4.4%。

华尔街与华盛顿之间有着千丝万缕的联系。半个世纪以来，《股票交易者年鉴》证明了为期 4 年的“总统选举周期”的重要性。**4 年总统选举周期一直是我们最可靠的指数之一。**

请别误解，我是周期性市场规律的坚定支持者，但同时也清楚地知道历史从不完全重复。历史一直是预测现今市场的向导，它在预测市场重要走势时的确具备一定的可靠性。我们并不是要投资者墨守成规地遵循历史规律，而是提醒他们在什么时候应该引起注意。

揭秘政府操控股市的规律

总统选举对经济和股市均有极大影响。战争、衰退和熊市通常在总统任期的前两年出现，而繁荣期和牛市则出现在后两年。一般来说，前两年经济疲弱，而第三年将出现高增长。

此规律十分可靠。图 5.1 一直追溯到了 1929 年安德鲁·杰克逊任期。1833 年之后的 44 任政府中，后两年市场净增 724%，相比之下，前两年 273.1% 的市场净增差了十万八千里。这种情况并非偶然。为了保住自己的权力，总统们倾向于在任期的前两年出台那些不太受欢迎的政策，然后在后两年增大开支刺激经济复苏。这样，当他们竞选连任时，全体选民都很富裕。任期中的最低点多次出现在最糟糕 6 个月。迈进千禧年的牛市，道琼斯指数从 1992 ~ 1999 年连续 9 年保持涨势，在这之后，4 年选举周期回到原来的轨迹。2001 ~ 2004 年的情况就是教科书式的范例。

总统选举总是伴随着明显的经济操纵行为。现任政府必须握紧权力的缰绳，否则，它将自食其果，引发所谓的“竞选年综合征”(Post-Presidential Year Syndrome)。大型熊市正是始于 1929 年、1937 年、1957 年、1969 年、1973 年、1977 年 和 1981 年。美国经历的主要战争也集中在选举后的一段时间：1861 年美国

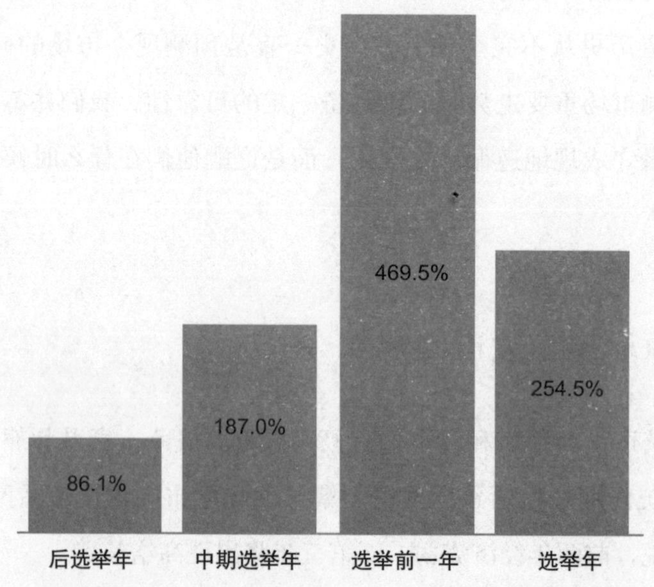

图 5.1 道琼斯工业平均指数在 4 年“总统选举周期”中的年度变动（1833 ~ 2011 年）

南北战争、1917 年第一次世界大战、1941 年第二次世界大战和 1965 年越南战争。从 1973 年算起，2001 年和 2002 年成为连续最差的两年。另外，美国还经历了“9·11”事件、反恐战争以及与伊拉克的对峙。

爱德华·塔夫特（Edward R. Tufte）的著作《政治对经济的控制》(*Political Control of the Economy*) 中有很多证据证明经济操纵。政府设计出刺激性财政措施来增加人均可支配收入，让选民感到生活富足；这些财政措施包括加大政府赤字、提高社会保障福利、降低政府贷款利率等。

> 政府赤字：1962 ~ 1973 年，选举年的政府赤字平均涨幅比非选举年高 29%。
>
> 社会保障：1962 ~ 1974 年共出现 9 次上涨。6 次选举年增长中，一半从 9 月开始，也就是选举日的前 8 周。总统选举年的平均增幅是中期选举年的两倍。
>
> 实际可支配收入：1947 ~ 1973 年，除去艾森豪威尔任期，实际可支配收入在选举年中均有增长。奇数年里只有 1973 年呈现出明显加速增长。

这些变化不是巧合，它提醒我们留意周期长度为 4 年的股市政治周期。

在罗纳德·里根总统的任期期间，美国人在 1981 年和 1982 年付出代价。虽然接下来 8 年美国经济持续增长，但这期间的赤字比美国建国以来 200 多年的总和还要多。

1987 年 8 月 11 日，阿兰·格林斯潘从保罗·沃尔克手中接管美联储，并一直推动美国经济前进，直到 1990 年 8 月海湾战争爆发，把美国经济拉回衰退；这场战争持续时间长，并使老布什总统在 1992 年竞选连任的努力完全白费。

20 世纪还有 3 次现任政府连任失败：1912 年共和党一分为二，塔夫脱总统算是倒霉；1932 年大萧条时期的胡佛总统以及 1980 年遭遇伊朗人质危机的卡特总统均连任失败。

20 世纪 90 年代，美国经济出现惊人扩张，股市不断飙升，比尔·克林顿总统连任两届。克林顿总统殷切地希望前高盛公司总裁罗伯特·鲁宾来掌管美联储，帮助政府与华尔街、缅因街和美联储之间建立起顺畅而和谐的关系。

中资国际投资黄河点评 >>>

1992 年，克林顿最终赢得了选举，这主要是因为他的竞选策略专注国内议题，特别是陷入低谷的美国经济。他的竞选总部曾经张贴出一句非常著名的标语："笨蛋，问题是经济！"（"It's the economy, stupid!"）

小布什巧妙地带领美国走出了衰退，那时美国正经历 20 世纪 70 年代以来最严重的熊市，他在任期前两年（2001 年和 2002 年）发起军事行动，美国在伊拉克迅速取得胜利。同时大幅减税，降低华尔街的股息税。这些在选举前的 2003 年刺激了美国经济和股市的发展。

小布什总统在第一任期期间实行低利率，并不停解除管制，最终引起信贷泡沫，使得道琼斯指数和标准普尔指数在选举前的 2007 年达到空前的纪录。

巴拉克·奥巴马接任时，市场正沉沦在金融危机中，股市处于大萧条时期以来最严重的衰退和 1900 年起的第二次严重熊市。政府采取前所未有的刺激性财政政策与货币政策来遏制衰退。

金融危机与经济复苏之间的较量一度曾超越总统选举周期对

经济和股市的影响，但到了 2010 年，总统选举周期的影响再次遥遥领先。

政治僵局可能对股市有利，但总统来自哪个党派有区别吗？国会山上总共可能出现 6 种情况：共和党人总统，共和党国会；共和党人总统，民主党国会；共和党人总统，国会分裂；民主党人总统，民主党国会；民主党人总统，共和党国会；民主党人总统，国会分裂。

我们先回顾民主党人和共和党人总统带领下，道琼斯指数的表现情况，我们会发现其规律与普遍观点正好相反。民主党总统带领下的道琼斯指数，表现得要比共和党总统好得多。民主党人总统任期中，道琼斯指数回升 10%，相比之下，在共和党人总统在任期间，该数值仅为 6.8%。

中资国际投资黄河点评 >>>

摩根大通策略师托马斯·李在研究了 1940 年富兰克林·罗斯福与文多尔·威尔吉的角逐以及之后其他六届选情非常接近的选举后表示，选情胶着的大选过后，美国股市短期平均上涨了 2%。他称，不确定性通常会压低股票估值，而市场上涨反映的是不确定性的缓解。

然而，如果国会为共和党，情况则截然相反，道琼斯指数的涨幅为 16.8%；民主党人控制着国会时，道琼斯仅回升 6.1%。

如果华盛顿完全由共和党人掌控，道琼斯指数平均上涨 14.1%；如果换成民主党，则该数值为 7.4%。当权力分流时，如果是共和党人总统和民主党国会，道琼斯指数涨势平平，平均涨幅为 6.7%。

最理想的状态是民主党总统坐镇白宫，共和党人掌控国会，这种情况下的平均涨幅为 19.5%。最可怕的情况是共和党人总统和民主党国会，这时候的平均涨幅仅为 4.9%。2008 年道琼斯指数下跌 33.8% 是拖了严重后腿（详见图 5.2）。

股民的噩梦：后选举年综合征

由于政治本身的特点，现任政府在选举年一般会全力推动经济发展，以此博取全体选民的好感，同时直到唱票结束后才推出不受欢迎的决策，这导致一个特殊的美国现象：后选举年综合征（Post-Election-Year Syndrome）。在综合征出现的年份里，年初就开始竞选活动，然后美国民众便要自食苦果；在过去 99 年里，美国人付出了不少代价。

成功获选的候选人，没几个会兑现竞选期间“和平与繁荣”的诺言。在过去的选举年之外的年份，美国卷入了三场战争：1917 年第一次世界大战、1941 年第二次世界大战和 1965 年越南战争；而四次严重熊市则分别始于 1929 年、1937 年、1969 年和 1973 年。2001 年，美国祸不单行，不仅发生了“9·11”事件，还

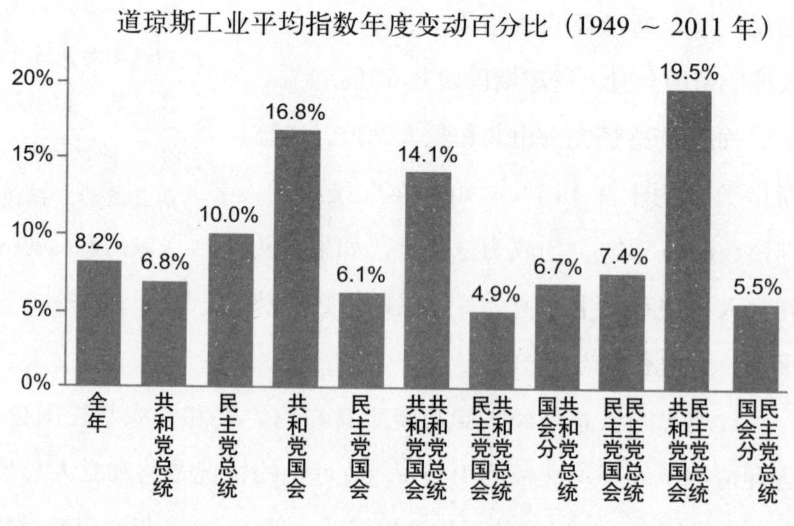

图 5.2　不同政治结构下的市场表现

出现经济衰退和长时间的熊市。全球金融灾难和大衰退让处于第二次最严重熊市中的道琼斯指数跌至 2009 年的最低点。程度稍轻的熊市发生在 1913 年、1917 年、1921 年、1941 年、1949 年、1953 年、1957 年、1977 年和 1981 年。只有在 1925 年、1989 年、1993 年和 1997 年，美国才真正享有过和平和繁荣（详见表 5.1）。

在 1921 年第一次世界大战、1953 年朝鲜战争、1969 年越南战争和 1981 年伊朗战争等外事纷争和 2001 年克林顿性丑闻之后，共和党替代民主党接手白宫。这些选举年后的年份里，美国均经历熊市。

在 1913 年共和党一分为二、1933 年经济萧条、1961 年经济衰退、1977 年水门事件、1993 年经济不景气和 2009 年金融危机，美国在共和党的领导下出现诸多国内问题，民主党随后又接手白宫。

中资国际投资黄河点评 >>>

市场人士普遍认为长期来看，相比于短期的提振，美国股市表现通常与大选结果没有关联。但相关研究显示执政党的变动对美股行业板块的影响较大。高盛报告称，在过去 35 年中，民主党任期内的周期性股票表现更佳，而共和党任期内更多防御性和高股息行业有出色表现。

民主党重新获得权力后的情况也有迹可循：如果接手在出现共和党的纷争或丑闻之后，行情看跌；如果是接手在经济不景气之后，行情看涨。

回顾历史，我们可以清楚地看到，当民主党将共和党从白宫驱除，股市在选举年后表现更好，反之则股市看跌。在过去，民主党常在美国出现国内问题后掌权，而共和党总因国际问题而赢得白宫。

共和党一分为二后，威尔逊总统当选，而卡特总统则于水门事件后掌权。罗斯福总统、肯尼迪总统和克林顿总统在经济衰退期上任。数位共和党人在民主党总统发动战争之后获选，其中有

表 5.1　后选举年股市记录（1913 ~ 2009 年）

时间	总统	结果
1913	威尔逊 (D)	小型熊市
1917	威尔逊 (D)	第一次世界大战、熊市
1921	哈定 (R)	战后萧条、熊市
1925	柯立芝 (R)	和平及繁荣
1929	胡佛 (R)	史上最严重股市崩盘
1933	罗斯福 (D)	货币贬值、银行破产、衰退继续但市场坚挺
1937	罗斯福 (D)	又一次崩盘，20% 失业率
1941	罗斯福 (D)	第二次世界大战、熊市继续
1945	罗斯福 (D)	战后工业萎缩、1946 年崩盘前市场坚挺
1949	杜鲁门 (D)	小型熊市
1953	艾森豪威尔 (R)	战后小型熊市（朝鲜战争）
1957	艾森豪威尔 (R)	中型熊市
1961	肯尼迪 (D)	猪湾事件、1962 年前市场坚挺
1965	约翰逊 (D)	越南战争升级、熊市于 1966 年开始
1969	尼克松 (R)	1937 年以来最严重的熊市
1973	尼克松、福特 (R)	1929 年以来最严重的熊市
1977	卡特 (D)	蓝筹股熊市
1981	里根 (R)	熊市再次袭击
1985	里根 (R)	无熊市
1989	老布什 (R)	1987 年崩盘的影响消退
1993	克林顿 (D)	标普上涨 7.1%，次年下跌 1.5%
1997	克林顿 (D)	标普上涨 31.0%，次年上涨 26.7%
2001	小布什 (R)	"9·11" 事件，衰退，熊市恶化
2005	小布什 (R)	通货膨胀，窄幅震荡，市场下跌 0.6%
2009	奥巴马 (D)	金融危机熊市 3 月见底

注：D 指民主党，R 指共和党，后同

哈定总统、艾森豪威尔总统和尼克松总统。伊朗人让吉米·卡特手足无措，这使得里根渔翁得利。小布什当选时虽然没有出现经济衰退，也没有出现令人为难的外事纷争，但克林顿丑闻让他占了便宜。秩序混乱的民主党和“战时总统”的身份帮助小布什总统在 2004 年稳住白宫。2008 年时，数十年一遇的金融危机和经济衰退为奥巴马铺平了通往白宫之路。

同样值得一提的是从 1913 年起，道琼斯指数从选举年后的高点到接下来的中期年低点的平均跌幅为 20.9%。

中期选举年：抄底者的天堂

过去两个世纪，美国总统们每 4 年做一次表演。中期国会选举本党席位减少以后，总统在接下来的两年里将急于出台财政政策以增加政府支出、可支配收入和社会保障福利，降低利率和通货膨胀率。选举结束当天，总统就可以成功地俘获选民的钱包和心灵，在白宫带领本党继续工作 4 年。

竞选活动和庆祝活动全部结束后，政府开始运转，股市很可能出现下跌。实际上，所有熊市均在总统选举的前两年开始并结束。股市最低点通常出现在危机氛围中：1962 年的古巴导弹危机、1966 年的银根紧缩、1970 年的柬埔寨政变、1974 年的水门事件和尼克松辞职以及 1982 年面临的国际货币体系崩溃的危机。然而，危机通常又给股市带来机遇。从 1961 年起的 13 个 4 年周期里，16 个熊市中有 9 个在中期年里跌至最低点（详见表 5.2）。

通常情况下，总统选举后一两年内会推出修正法。在过去的 13 个中期年中有 9 年出现熊市；美国在 1986 年、2006 年和 2010

表 5.2　中期选举年股市记录（1914 ~ 2010 年）

时间	总统	结果
1914	威尔逊(D)	7月探底、市场因战争而关闭
1918	威尔逊(D)	本年度前12天股市探底
1922	哈定(R)	本年度前4个半月股市探底
1926	柯立芝(R)	仅3月30日前下跌（7周，-17%）
1930	胡佛(R)	1929年的崩盘持续全年，没有探底
1934	罗斯福(D)	第一次罗斯福执政期熊市，2月～7月26探底（-23%）
1938	罗斯福(D)	1937年市场大繁荣于3月结束，道琼斯指数增长49%
1942	罗斯福(D)	第二次世界大战，4月市场探底
1946	杜鲁门(D)	市场于5月达到顶峰，10月探底
1950	杜鲁门(D)	1949年6月探底，1950年6月朝鲜战争爆发造成市场下跌14%
1954	艾森豪威尔(R)	1953年9月探底，然后市场直线上升
1958	艾森豪威尔(R)	1957年10月探底，然后市场直线上升
1962	肯尼迪(D)	7月和10月探底
1966	约翰逊(D)	10月探底
1970	尼克松(R)	5月探底
1974	尼克松、福特(R)	12月道琼斯指数探底，10月标准普尔探底
1978	卡特(D)	3月探底，10月惨败
1982	里根(R)	8月探底
1986	里根(R)	1985年、1986年没有探底
1990	老布什(R)	10月11日探底（伊拉克入侵科威特）
1994	克林顿(D)	市场下降10%后于4月4日探底
1998	克林顿(D)	10月8日探底（亚洲货币危机、对冲基金崩溃）
2002	小布什(R)	10月9日探底（公司不法行为、恐怖主义、伊拉克）
2006	小布什(R)	2006年市场未探底（伊拉克战争胜利，信贷泡沫）
2010	奥巴马(D)	市场于2009年探底后直线上升

年经历牛市，而 1994 年时市场萧条。第二次世界大战之后的工业萎缩期，中期年上涨幅度最小，从 1946 年低点算起涨幅仅为 14.5%。接下来 4 次小涨幅为：1978 年的 21%（石油输入国组织和伊朗）、1930 年的 23.4%（经济崩溃）、1966 年的 26.7%（越南战争）以及 2010 年的 32.3%（欧洲债务危机）。

从 1914 年起，道琼斯中期选举年的低点上涨到下一次前选举年的高点的平均涨幅为 48.6%。如此大幅度的上涨与从 10 000 点到 15 000 点或从 13 000 点到 19 500 点的情况等效（详见表 5.3）。

前选举年：股市狂欢节

除去遭受战争的 1939 年，道琼斯指数下降 2.9%，之后该指数在美国总统任期第三年时从未出现下跌。道琼斯指数在前选举年唯一一次的严重下跌出现在 1931 年大萧条期间。

4 年一次的总统大选直接引发政治股市周期。大多数熊市出现在选举后的前两年，接下来股市情况好转。每届政府通常会在这时候竭尽全力推动经济发展，这样选民们在投票时候心态会很积极。（详见表 5.4）。

选举年：不靠谱的总统，靠谱的股市

如果我能够提前 12 个月到 18 个月来预测每 4 年总统选举的结果，这必将为选举年的市场走向提供参考。但由于做不到，我把 1900 年以来的 17 次成功连任的情况统计起来，发现道琼斯指数在选举年的平均涨幅为 15.3%。其余 11 次执政者下台时，

表 5.3 道琼斯指数从中期选举年的低点到选举前一年高点的变动

	中期选举年低点		选举前一年高点		
	低点日期	道琼斯指数	高点日期	道琼斯指数	增长 (%)
1	1914.7.30*	52.32	1915.12.27	99.21	89.6
2	1918.1.15**	73.38	1919.11.3	119.62	63.0
3	1922.1.10**	78.59	1923.3.20	105.38	34.1
4	1926.3.30*	135.20	1927.12.31	202.40	49.7
5	1930.12.16*	157.51	1931.2.24	194.36	23.4
6	1934.7.26*	85.51	1935.11.19	148.44	73.6
7	1938.3.31*	98.95	1939.9.12	155.92	57.6
8	1942.4.28*	92.92	1943.7.14	145.82	56.9
9	1946.10.9	163.12	1947.7.24	186.85	14.5
10	1950.1.13**	196.81	1951.9.13	276.37	40.4
11	1954.1.11**	279.87	1955.12.30	488.40	74.5
12	1958.2.25**	436.89	1959.12.31	679.36	55.5
13	1962.6.26*	535.74	1963.12.18	767.21	43.2
14	1966.10.7*	744.32	1967.9.25	943.08	26.7
15	1970.5.26*	631.16	1971.4.28	950.82	50.6
16	1974.12.6*	577.60	1975.7.16	881.81	52.7
17	1978.2.28*	742.12	1979.10.5	897.61	21.0
18	1982.8.12*	776.92	1983.11.29	1 287.20	65.7
19	1986.1.22	1 502.29	1987.8.25	2 722.42	81.2
20	1990.10.11*	2 365.10	1991.12.31	3 168.84	34.0
21	1994.4.4	3 593.35	1995.12.13	5 216.47	45.2
22	1998.8.31*	7 539.07	1999.12.31	11 497.12	52.5
23	2002.10.9*	7 286.27	2003.12.31	10 453.92	43.5
24	2006.1.20	10 667.39	2007.10.9	14 164.53	32.8
25	2010.7.2**	9 686.48	2011.4.29	12 810.54	32.3
平均					48.6

* 熊市结束

** 熊市前一年

表 5.4　选举前一年市场记录（1915 ~ 2011 年）

年份	总统	结果
1915	威尔逊(D)	第一次世界大战，但道琼斯指数上升 81.7%
1919	威尔逊(D)	停战后一年，市场于 11 月 3 日达到高点，增长 45.5%，道琼斯指数增长 30.5%
1923	哈定(R)	柯立芝继任，道琼斯指数下降 3.3%
1927	柯立芝(R)	牛市出现，市场增长 28.8%
1931	胡佛(R)	萧条，股票价值减半，道琼斯下跌 52.7%，标普下跌 47.1%
1935	罗斯福(D)	全年几乎直线增长，标普上升 41.2%，道琼斯增长 38.5%
1939	罗斯福(D)	战争阴云笼罩，道琼斯下跌 2.9%，但 4 月～ 12 月股市增长 23.7%，标普下跌 5.5%
1943	罗斯福(D)	美国卷入战争，前景逐渐明朗，标普上升 19.4%，道琼斯上升 13.8%
1947	杜鲁门(D)	标普未发生变动，道琼斯上升 2.2%
1951	杜鲁门(D)	道琼斯增长 14.4%，标普增长 16.5%
1955	艾森豪威尔(R)	道琼斯增长 20.8%，标普增长 26.4%
1959	艾森豪威尔(R)	道琼斯增长 16.4%，标普增长 8.5%
1963	肯尼迪(D)	约翰逊继任，道琼斯增长 17.0%，标普增长 18.9%
1967	约翰逊(D)	道琼斯增长 15.2%，标普增长 20.1%
1971	尼克松(R)	道琼斯增长 6.1%，标普增长 10.8%，纳斯达克增长 27.4%
1975	福特(R)	道琼斯增长 38.3%，标普增长 31.5%
1979	卡特(D)	道琼斯增长 4.2%，标普增长 12.3%，纳斯达克增长 28.1%
1983	里根（R)	道琼斯增长 20.3%，标普增长 17.3%，纳斯达克增长 19.9%
1987	里根（R)	道琼斯增长 2.3%，标普增长 2.0% 但 10 月暴跌，纳斯达克下跌 5.4%

（续表）

年份	总统	结果
1991	老布什（R）	道琼斯增长 20.3%，标普增长 26.3%，纳斯达克增长 56.8%
1995	克林顿（D）	道琼斯增长 33.5%，标普增长 34.1%，纳斯达克增长 39.9%
1999	克林顿（D）	千禧年热推向高潮：道琼斯指数增长 25.2%，标普增长 19.5%，纳斯达克指数增长 85.6%
2003	小布什（R）	市场因萨达姆而下跌后直线上升：道琼斯增长 25.3%，标普增长 26.4%，纳斯达克增长 50.0%
2007	小布什（R）	信贷泡沫在熊市来临之前不断膨胀 & 大衰退：道琼斯增长 6.4%，标普增长 3.5%，纳斯达克增长 9.8%
2011	奥巴马（D）	欧洲债务危机：道琼斯增长 5.5%，标普下跌 0.003%，纳斯达克下跌 1.8%

道琼斯指数平均下降 4.4%。小布什是第一位没有赢得全体选民投票而再度当选的总统。其他前总统之子约翰·昆西·亚当斯总统和本杰明·哈里森总统均未成功连任。1880 年，拉瑟福德·海斯放弃连任。

战时总统的人气在战争结束或将要结束时便褪去，接下来美国将迎接下一轮选举。民主党人在 1920 年第一次世界大战、1952 年朝鲜战争和 1968 年越南战争后移交权力；1992 年，尽管沙漠风暴（1990 年以美国为首的多国部队针对伊拉克侵占科威特而发动的军事进攻。——译者注）期间积攒了不少人气，但共和党人也不得不撤手白宫。1945 年 7 月，即便是上世纪最伟大的领导人，英国的温斯顿·丘吉尔爵士也在同盟国打败敌人不久后失去权力。现代史上，仅 1948 年杜鲁门总统成功地在第二次世界大战结束后为民主党保住了权力；当时，杜鲁门总统的竞争对手是托马斯·埃德蒙·杜威，杜威当时非常有望获得当选。2004 年，伊拉克战争和反恐战争仍在进行中，小布什总统人气很旺。这期间的 6 个选举年里，股市均未下跌。

当美国正参战或面临战争威胁时，选民们通常会“团结在国旗下”。在 20 世纪，成功连任的总统就包括第一次世界大战之前的威尔逊总统和美国卷入第二次世界大战之前的罗斯福总统。罗斯福当时获选第三任期，并之后于 1944 年连任第四任期。而且 1972 年尼克松总统也成功连任，期间美国均经历着战争。道琼斯指数在威尔逊总统和罗斯福总统第三任期时下跌，但在罗斯福总统第四任期和尼克松总统连任时上涨。上个世纪，麦迪逊总统在 1812 年战争期间再次当选，而林肯总统在美国南北战争期间连任。

除开外事爆发的情况，股市在现任总统连任的时候表现更好。统计过去 100 年中 13 次现任总统继续参加竞选的情况可以看出，成功连任时的道琼斯指数平均涨幅为 6.9%，而连任失败时该数值仅为 0.9%。在 9 位成功连任的总统中，战争或面临战争威胁的时候，5 位总统在任期间道琼斯指数平均增幅为 2.6%，而余下的另外 4 位，罗斯福总统、艾森豪威尔总统、里根总统和克林顿总统，在任期间的平均涨幅为 12.4%。

1900 年以来，联邦政府权力 10 次易手。大多数时候，民主党人在外事纷争结束或恶化后离开白宫，而共和党人在美国国内出现问题后不得不退位。除上文中提到的战争外，1980 年伊朗人质危机时，民主党人未能当选。共和党人输在国内问题上的年份为 1912 年党分裂、1932 年大萧条、1960 年衰退、1976 年水门事件和 2008 年金融危机。

总统连任失败是好消息吗？

从 1896 年道琼斯工业平均指数诞生以来，现任总统成功连任的情况共出现 19 次，其中 14 次道琼斯指数都呈现出上涨。且下跌情况仅有两次跌幅超过 5%。1932 年大萧条肆虐，胡佛总统连任失败，当时美国正处于道琼斯史上最严重的熊市，这期间蓝筹股从 1930 年 4 月到 1932 年 8 月的平均跌幅为 86%。胡佛总统也是唯一一位在股市低谷期未能获得连任的总统。

讽刺的是，另外四个现任总统连任失败的选举年间，道琼斯指数出现上涨。

1940 年，欧洲正受到第二次世界大战的蹂躏，道琼斯指数下跌 12.7%。在所有的现任总统竞选连任年份里，道琼斯指数平均涨幅为 9%。如果连任成功，道琼斯指数上涨 10.7%；相比之下，如果现任总统连任失败，该数值为 4.3%。股市从广受欢迎的总统获取正能量，也会在不得人心的总统下台的庆祝中出现回升（详见表 5.5）。

选举年期间，股市行情看涨，现任政府通常会厚着脸皮尽全力刺激经济，让选民继续为自己投票。然而，有时会发生无法避免的意外，市场瓦解，政治格局发生变化。

1920 年，战后经济收缩，威尔逊总统没有获选，民主党人赢得政权。1932 年大萧条期间，道琼斯指数跌至 20 世纪最低纪录，民主党人回到白宫。1940 年，第二次世界大战和法国的沦陷让股市跌宕起伏，但罗斯福总统前所未有地当选第三任期。冷战以及杜鲁门总统历史性地打败杜威这两件事一直压抑着股市直到 1948 年底。

表 5.5 选举年道琼斯工业平均指数（DJIA）变动及现任总统参与连任竞选时的结果（1896 ~ 2004 年）

年份	总统	DJIA (%)		
1900	麦金莱	7.0	赢	
1904	T. 罗斯福	41.7	赢	罗斯福在麦金莱去世后接手白宫
1912	塔夫脱	7.6	输	
1916	威尔逊	-4.2	赢	
1924	柯立芝	26.2	赢	柯立芝在哈定去世后接手白宫
1932	胡佛	-23.1	输	
1936	罗斯福	24.8	赢	
1940	罗斯福	-12.7	赢	
1944	罗斯福	12.1	赢	
1948	杜鲁门	-2.1	赢	杜鲁门在罗斯福去世后接手白宫
1956	艾森豪威尔	2.3	赢	
1964	约翰逊	14.6	赢	约翰逊在肯尼迪去世后接手白宫
1972	尼克松	14.6	赢	
1976	福特	17.9	输	福特在尼克松辞职后接手白宫
1980	卡特	14.9	输	
1984	里根	-3.7	赢	
1992	老布什	4.2	输	
1996	克林顿	26.0	赢	
2004	小布什	3.1	赢	
平均增长百分比		9.0%		
涨 / 跌		14 / 5		
赢		10.7%		
输		4.3%		

从1948年起，投资者在选举年里几乎没有过任何损失，仅在2000年年初出现过短期下跌，然后就是2008年金融危机期间。这两年均有泡沫破灭：2000年的科技和互联网股市泡沫和2008年的信贷泡沫。除非出现大规模监管失控、金融危机、政治误判或外部事件，2012年不太可能出现股市下跌。选举年后7个月或8个月，股市通常上涨。

1952年起，15个选举年中有8年的1～4月出现下跌。这8年中有6年现任政府没能连任。十分讽刺的是，在1956年、1968年、1973年和1976年这4年上涨之后均出现熊市。比较6月和4月的月末结算，我们发现1952年、1960年、1968年、1988年和2000年这60天里，现任总统没有继续竞选，而市场呈上升趋势。

从1952年起，选举年中的15个7月中有9个月股市下跌，分别是1960年、1968年、1976年、1984年、1988年、1996年、2000年、2004年和2008年。其中5年现任总统没有竞选连任。

值得注意的是，4月至7月出现过6次下跌，最后4次连续出现：1972年，跌幅很小；1984年，股市行情好转；1996年和2000年时，泡沫经济开始破灭；2004年和2008年时，信贷泡沫破灭。从更长远的视角看，统计到12月份，选举年中仅有3次下跌时期为期8个月，而在后7个月出现下跌的情况仅有两次。

现任政府的人气为何决定股市走向?

从1944年起，当总统人气很高时，股市倾向于提早出现上涨，在没有人气的政府被驱逐的11月和12月，股市表现得更好（详见图5.3）。

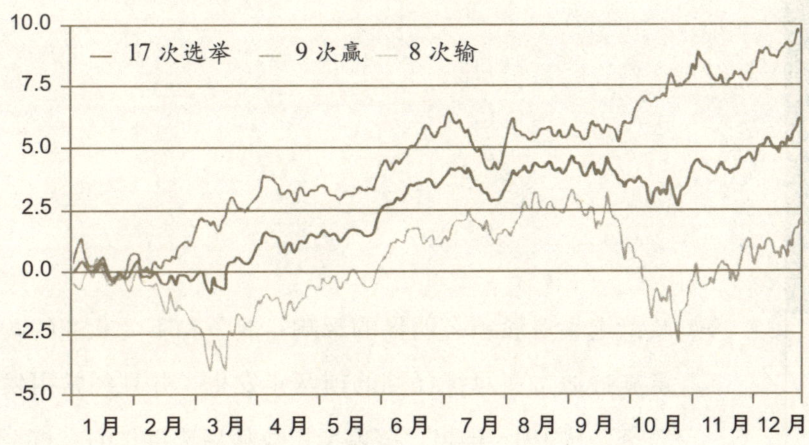

图 5.3 标普 500 指数在选举年的变动趋势（1944 ~ 2008 年）

如果现任总统连任，3 月、6 月、10 月和 12 月的股市表现很好，而 7 月的情况最差。如果现任总统未能连任，1 月、2 月、9 月和 10 月的股市情况最差。很有意思的是当现任总统未能连任，11 月情况最好，而成功连任的话，11 月的股市表现则是倒数第二。

其他有趣的花絮：现任总统连任时，10 月份里没有出现过严重下跌（1984 年跌幅微小），6 月和 10 月里仅出现过一次。共和党人在 11 月获选时的股市共上涨 23.6%（除了不分伯仲的 2000 年），而民主党人获选时股市共下跌 4.9%。然而，在 12 月份时，民主党人获选时，股市上涨 16.4%，而共和党人获选时，该数值为 7.9%。

重点回顾

- 政治选举对股市有明显的影响。战争和不受欢迎的政策施行通常在总统任期的前两年发生，并且经常引发熊市。从 1913 年起，道琼斯指数从后选举年的高点至中期低点的平均跌幅为 20.9%。
- 到任期的第三年也就是前选举年的时候，政府采取措施发展经济。许多经济措施出台，旨在赢得选民们的好感。从 1914 年起，道琼斯指数从中期低点到前选举年的高点的平均涨幅接近 50%。

第 6 章

股市时间规律探秘

季节性趋势交易获利法则

en Season for Stocks Open Season for Stocks Open Season for Stocks Open

华尔街上有句古训："5 月清仓离市"。而真正藏在这句箴言后面的是"最优 6 个月交替"周期律。过去 62 年，"最优 6 个月"道琼斯指数共上涨 14 654.27 点；"最优 6 个月"策略能够和你手头上的任意投资策略完美结合，掌握股市季节性趋势，就等于给你的资产组合上了双保险。

自从 47 年前《股票交易者年鉴》诞生以来，每年循环的股市季节性模式和为期四年的总统选举周期均是不可忽视的重要课题。

完美的交易策略并不存在，但一直以来，“最优 6 个月交替”确实能够良好地预测股市走向。“最优 6 个月”基本上就是古训“5 月清仓离市”的另一种说法。市场季节性是文化行为在股市上的反映。在过去，农业是最大产业，8 月一度是股市表现最优月，但现在却沦为行情最差月份。

这个规律还反映出暑假行为。相比起交易场地和电脑屏幕，交易者和投资者更喜欢暑假时的高尔夫球场、海滩和游泳池。各个公司努力提升销售额，帮助推动股市在第四季度上涨，其他的刺激因素还有假日购物和年终奖金。

接下来我们迎来新年，人们对未来抱有积极心态，并希望在第四季度和新一年的第一季度里取得很大收益。在这之后的整个夏天，交易额持续降低。

直到 9 月份，人们开始返校返工，第三季度末的投资组合疲软的表现让股票在该月被廉价抛售，因此平均来说这是股市行情最差的一个月。尽管也许会出现某些不稳定性因素的干扰，但股市记录仍然明显呈现出季节性的趋势。

“最优6个月”：最重要的周期交易策略

最优 6 个月交替交易策略不负众望。从 1950 年的道琼斯工业指数记录开始，在每年 11 月 1 日到次年 4 月 30 日期间进行投资然后转为固定收益的做法能带来更多的收益，并降低风险。

1950 年起，11 月、12 月、1 月、3 月和 4 月都是表现最优月。再加上 2 月份，大家都能轻松应付这时候的股市。过去 62 年，这连续的 6 个月道琼斯指数共上涨 14 654.27 点，其中 37 年上涨，另外 25 年下跌；然而，这些年的 5 月到 10 月期间道琼斯指数下跌 1 654.97 点，48 年上涨，12 年下跌。表现最优的 6 个月，标准普尔指数上涨 1 477.55 点，而在表现最差的 6 个月该指数下降 97.71 点。

中资国际投资黄河点评 >>>

投资绝非是确定性游戏或者可能性游戏，它只是一种概率性游戏。它或许会让你牢记以史为鉴，看看到底哪些是常态，哪些不是常态，让你真正适应于客观现实提供给我们的每一次机会。（肯·费雪《下一个暴富点》[M]. 广东：广东人民出版社，2013）

图 6.1 显示道琼斯指数中 10 000 美元的组合投资的百分比变化。从 11 月到次年 4 月，投资组合获得 674 073 美元的涨幅，而 5 月到 10 月出现的 1 024 美元跌幅根本不值一提。历史上仅有 3 次 11 月到次年 4 月的下跌幅度达到两位数：1970 年 4 月柬埔寨政变、1973 年石油输出国组织实行原油禁运和 2008 年金融危机。类似情况还发生在 2003 年，伊拉克战争抑制了最优 6 个月的涨幅，并使得经济在最差 6 个月里恶性膨胀。1986 年，当我们发现此交易策略时，前一年 11 月到该年 4 月的涨幅比该年 5 月到 10 月的 -1 522 美元高出 88 163 美元。过去的 25 年对比更加明显，具体数据为 585 910 美元对 498 美元。

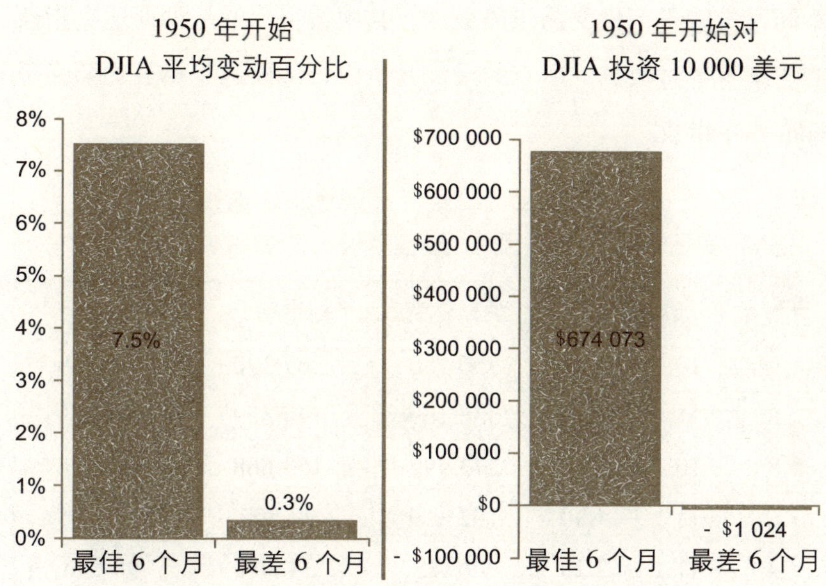

图 6.1　6 个月交替策略（1950 ~ 2012 年）

然而季节性景象的变化延长了有利月份的持续时间。我一直在根据市场情况或早或晚地调整“最优 6 个月”的开始时间，以抓住更加准确的时机。最终章将阐述具体方法。1974 年后，“最优 6 个月”在 2007 ~ 2009 年间首次出现连续下跌，而 2009 年的“最差 6 个月”时的股市反而一路飙升。这正好重复了 1974 年股市低谷时的现象。在 20 世纪 70 年代末和 20 世纪 80 年代初的横向市场期间，最优 6 个月交替交易策略效果显著。

纳斯达克指数从 11 月到次年 6 月连续 8 个月的惊人上涨说明时代在变换。从 1971 年开始到 2012 年 5 月 31 日截止，这 8 个月里投资的 10 000 美元将增长 384 337 美元，而 7 月到 10 月的 4 个月时间里的平均损失为 3 196 美元。

表 6.1 统计了纳斯达克指数、道琼斯指数和标准普尔指数在

不同月份的季节性交易策略数据。其中最突出的是纳斯达克指数的连续 8 个月数据。所有的最优月份中，纳斯达克指数均要强于标准普尔指数。

表 6.1 1971 年开始对纳斯达克、标准普尔和道琼斯投资 10 000 美元的收益（美元），最佳月份 VS. 最差月份

月份数	最佳月份	纳斯达克	标准普尔	道琼斯
9	10.1 ~ 6.30	350 180	167 390	175 769
8	11.1 ~ 6.30	356 169	144 829	170 089
8	10.1 ~ 5.31	273 992	153 668	187 038
6	11.1 ~ 4.30	192 319	97 502	152 245
4	11.1 ~ 2.28	99 775	34 369	40 846
3	11.1 ~ 1.31	91 774	36 991	38 963
月份数	最差月份	纳斯达克	标准普尔	道琼斯
3	7.1 ~ 9.30	-3 795	-3 624	-3 433
4	7.1 ~ 10.31	-3 197	-1 906	-2 539
4	7.1 ~ 9.30	-2 133	-3 054	-3 892
6	5.1 ~ 10.31	1 838	1 221	-2 228
8	5.1 ~ 10.31	16 603	21 866	19 019
9	2.1 ~ 10.31	17 997	19 288	19 681

第四季度股市势不可挡

按季度研究股市表现，揭示出了一些有趣且有用的模式。第四季度股市上涨就像是魔法，多年以来其涨幅巨大且持久。其次就是第一季度的表现还算不错。当然，这并不足为奇，因为这两个季度的现金流入、交易量和购买倾向普遍都有所增长。

假期临近时，积极的股市心理变得异常活跃，这种状态一直持续到次年春天才会开始渐渐减弱。专家们为使投资组合的年终数据最大化而对其进行调整，这也把股市推向了更高处。辞旧迎新的时候，不少人会把刚拿到手的奖金投入股市。

4 年周期中的股市最有效点开始于中期年的第四季度。股市行情最优的两个季度出现在中期年的第一季度到前选举年的第一季度，这期间道琼斯指数平均上涨 15.3%，标准普尔指数 16%，而纳斯达克指数呈现 23.3% 的惊人涨幅。

前选举年的后半年开始，季节性势头开始减弱，但积极的情况将一直持续到选举年结束。在后选举年的第一季度和第三季度以及中期年的第二季度里，股市行情看跌（详见表 6.2）。

双剑合璧：事半功倍的股市投资法

我一直在努力揭示、证明并优化股市的原理、模式与策略，同时试着将“最优 6 个月”和“总统选举周期”这两种普遍的现象结合起来考察。尽管这两个模式并不完美，但它们经受住了时间的考验。自从 47 年前《股票交易者年鉴》诞生以来，对我们的研究来说，每年循环的股市季节性模式和为期 4 年的总统选举周期均是不可忽视的重要课题。耶鲁 · 赫希在 1986 年发现“最优 6 个月”的规律，从那以后，这个规律便成了季节性投资分析和策略领域的奠基石。

股市涨幅大多出现在最优 6 个月期间，而股市每 4 年跌至低点的时间通常出现在任期第一年（后选举年）或第二年（中期年），而在第三年（前选举年）将出现最大的涨幅。由于股市

表 6.2 道琼斯指数、标普 500 指数和纳斯达克指数季度变动（%）

	第一季度	第二季度	第三季度	第四季度	年度	第二季度～第三季度	第四季度～次年第一季度
道琼斯工业指数（1949 ~ 2012.3）							
平均增长	2.1	1.6	0.4	3.9	8.2	2.0	6.3
后选举年	-1.1	1.6	0.2	3.4	4.4	1.8	5.2
中期选举年	1.5	-1.8	-0.5	7.3	6.7	-2.2	15.3
选举前一年	7.5	5.3	1.6	2.3	17.7	6.8	3.2
选举年	0.8	1.2	0.4	2.3	4.6	1.6	1.2
标普 500 指数（1949 ~ 2012.3）							
平均增长	2.0	1.7	0.5	4.1	8.6	2.3	6.6
后选举年	-1.2	2.2	0.4	3.1	4.8	2.7	4.3
中期选举年	1.0	-2.8	0.1	8.0	6.4	-2.7	16.0
选举前一年	7.5	5.2	1.1	3.0	17.1	6.3	4.6
选举年	1.4	2.1	0.6	2.1	6.1	2.6	1.0
纳斯达克指数（1971 ~ 2012.3）							
平均增长	4.4	3.3	-0.4	4.4	11.9	3.2	9.1
后选举年	-3.3	6.8	1.3	4.2	8.4	8.1	6.3
中期选举年	2.1	-3.4	-5.2	8.9	1.7	-8.1	23.3
选举前一年	13.8	8.0	1.7	5.1	30.9	12.1	7.8
选举年	3.9	1.3	0.6	-0.6	4.8	2.4	-3.1

努力对付中期年里的陷阱且夏季将要结束，4 年周期里的最有效点随之出现。

把这两种最优的股市现象结合起来考察，我们只需每 4 年进行四次交易，便可以使得最优 6 个月的交易结果放大三倍。正如表 6.3 所呈现出的那样，大家可以使用一个本书最终章将详细介绍的计时器，在后选举年和中期年间进行买卖，然后从中期年的 10 月 1 日开始持股至后选举年的 4 月 1 日，持股时间约为两年半。这样做的话，大家能获得更多收益，降低自己面临的风险。无需付出太多努力，同时还能减少交易费用和应税项目。

表 6.3　每 4 年选举周期的 4 次交易

年份	最差 6 个月（3 月～ 10 月）	最佳 6 个月（11 月～ 4 月）
后选举年	卖	买
中期选举年	卖	买
选举前一年	持有	持有
选举年	持有	持有

给你的投资组合上双保险

即便股市如同摩根先生所说的那样波动，但每年的变化模式基本相同。尽管科技与人们的生活习惯瞬息万变，股市却年复一年重复着同样的周期。在典型年份，市场上涨均出现在最优的 6 个月，即 11 月至次年 4 月。如果在这些月份进行投资，风险减半，或情况甚至更加乐观，原因是很多次严重的下跌都出现在 5 月份到 10 月份，收益稳定，因而大家能更加享受夏季。

然而，最优 6 个月规律不仅可以当成交易策略和投资战略，大家还可以运用季节性股市模式相关知识来优化自己的宏观投资决策。如果股市刚在 10 月到次年 3 月期间出现了大幅上涨，大家最好不要过于激进，往股市里大量投入资金。然而，如果股市先有大幅下跌，在 10 月又出现转机，那时应该是个长期持仓的好时机。

最后，季节性模式本身就是一个很好的指标。2007 年 10 月到 2008 年 3 月股市下跌，这明显警示着股市当时已为大幅下降做好准备。道琼斯指数在 2008 年 3 月到 2009 年间的涨幅为 50%，这完全标志着全球金融危机、大衰退和这一代的最严重熊市已悄然离去。

重点回顾

- 最优 6 个月为 11 月到次年 4 月。
- 一个简单的交易策略便是在 10 月和 11 月进入股市并在 4 月和 5 月离市；大多数年份里，该策略能增加收益，降低风险。
- 季节性股市模式能为大家提供见解，并帮助人们优化自己的投资决策。

第 7 章 三巫聚首日

股市中不可忽略的神秘力量

of the Witch Aura of the Witch Aura of the Witch Aura of the Witch Aura of

股票期权、指数期权和指数期货在每年中
有四个时间点会同时到期。
那时候市场上将会出现大量的现金流，从而形成一
股拉动股市潮汐的巨大力量。
那么面对股市中最容易辨识的周期模式，
股票投资者该如何应对才能避开风险，
攫取巨额利润？掌握“三巫聚首日”规律，
你已经开始成为真正的股市高手。

就像月亮影响地球的潮水，期权和期货合同到期把股市拉入一种让现金涌入涌出市场的波动循环，它引领着股价的改变方向。

20世纪60年代末，《股票交易者年鉴》刚出版不久时，我们就知道期权到期对股市有巨大且深远的影响。

我们从那时起就一直提醒投资者留心股票期权到期。

最初，该信息只是注释在年度策略的日程表里。1977年，我们在失效期前后标出一个圈，好引起读者的注意。1987年，我们画了由一个骷髅和两根交叉骨头组成的图标，标记在每个月第3个周五的日程表上，警告人们期权到期日前后的股市风险。

一年后的1988年，我们在3月、6月、9月和12月的第3个周五标记了3个同样的骷髅图标，当时“股票指数期权合同到期”在华尔街迎来更为流行的新名词：三巫聚首日。2001年，我们用上古时期的女巫图标替换下了骷髅图标。

三大合约拉动股市潮汐

就像月亮影响地球的潮水，期权和期货合同到期把股市拉入一种让现金涌入涌出市场的波动循环，它引领着股价的改变方向。

交易者很早之前就在努力理解并掌控股市的季度现象。每个月的第 3 个周五期权到期，但在 3 月、6 月、9 月和 12 月的第 3 个周五时将出现强大的女巫聚会。自从 1982 年 6 月标准普尔指数期货开始交易，**股票期权、指数期权和指数期货在每年中有 4 个时间点会同时到期。这就是所谓的“三巫聚首日”。**

由于最近出现了单一股票期货，不少人将这个词发展为“四巫聚首日”。但由于单一股票期货市场仍然很小，这个新名词还没有完全流行起来。尽管最近“每周期权合同”等非标准期权合同开始大量出现，但它们没能减弱股票指数期货的影响，也没有摆脱三巫聚首日的魔掌。

现在，股票交易所中波动性和交易量越来越大，这往往与“三巫聚首日”有着紧密联系。通过仔细研究“三巫聚首日”的规律和季节性，我们能明白这些神秘的魔咒，它们能帮助大家处于上风并带来可观的收益，防止出现损失。

多年来，为了找寻前后一致的交易模式，我们分析了“三巫聚首日”前后的市场形势。这项工作着实困难，每当一种模式开始发挥作用时，市场就好像提前预见到一样开始发生转变。接下来是我们发现的“三巫聚首日”前后道琼斯工业指数的表现情况。

过去十年，“三巫聚首日”出现当周行情看涨，而接下来几周股市看跌，特别是在第二季度。自 1998 年之后，6 月的“三巫聚首日”之后的一周就没有出现过好转。在平缓期的三巫聚首周里，股价倾向于下跌，熊市期间下跌更严重。

三巫聚首周如果出现下跌，那么接下来的一周行情也必然出现下跌。这个规律很有趣。从 1991 年开始，29 个三巫聚首周中有 21 个的下一周行情下跌。这实在令人惊讶，毕竟刚刚过去的

10 年，情形完全相反：这期间的 13 个行情下跌的三巫聚首周，有 12 个的下一周行情上涨。

当逐季考察三巫聚首周时，我们发现另一个更加明显的模式。大家可以在表 7.1 中明确看到第二季度和第三季度的三巫聚首周行情疲软，而且它们的下一周行情更是可怕。然而，在第一季度和第四季度，大家能看到明显的牛市倾向。

表现强势的三巫聚首周出现在每年的最优 6 个月，即 11 月到次年 4 月，而 5 月到 10 月最差 6 个月期间，三巫聚首周前后的交易情况低落得可怕，这种情况并不是偶然。

从 1991 年起，第二季度的三巫聚首周中 12 次行情上涨，9 次下跌；接下来的一周里行情骇人听闻，下跌 19 次，上涨仅 2 次。6 次行情上涨的三巫聚首周后仅有 1 周连着上涨，而 9 次下跌的三巫聚首周后有 6 次出现行情看跌。

第三季度中的三巫聚首周情况稍有好转，21 周中上涨 13 次，而 21 个三巫聚首周的下一周中有 16 次出现下跌。13 次上涨之后有 4 周跟着上涨，8 次行情下跌的三巫聚首周之后有 7 周也跟着下跌。

后面的图表中第一季度和第四季度的数据变化很大。第一季度中的三巫聚首周行情表现良好，22 周中有 15 周呈现上涨趋势，但接下来 13 周全部下跌。15 次上涨的三巫聚首周后有 6 次跟着上涨，而 7 周下跌的三巫聚首周之后有 4 次跟着下跌。

第四季度三巫聚首周的数据显示情况是最有利的，21 次三巫聚首周中有 16 次行情看涨，而接下来也有 15 周连续上涨。16 次上涨的三巫聚首周后有 12 周跟着上涨，而 5 次下跌的三巫聚首周后有 2 次跟着下跌。

表 7.1　三巫聚首周及其后一周的道琼斯指数变动

	第一季度		第二季度		第三季度		第四季度	
	当周	后一周	当周	后一周	当周	后一周	当周	后一周
1991	-6.93	-89.36	-34.98	-58.81	33.54	-13.19	20.12	167.04
1992	40.48	-44.95	-69.01	-2.94	21.35	-76.73	9.19	12.97
1993	43.76	-31.60	-10.24	-3.88	-8.38	-70.14	10.90	6.15
1994	32.95	-120.92	3.33	-139.84	58.54	-101.60	116.08	26.24
1995	38.04	65.02	86.80	75.05	96.85	-33.42	19.87	-78.76
1996	114.52	51.67	55.78	-50.60	49.94	-15.54	179.53	76.51
1997	-130.67	-64.20	14.47	-108.79	174.3	4.91	-82.01	-76.98
1998	303.91	-110.35	-122.07	231.67	100.16	133.11	81.87	314.36
1999	27.20	-81.31	365.05	-303.00	-224.8	-524.30	32.73	148.33
2000	666.41	517.49	164.76	-44.55	-293.65	-79.63	-277.95	200.60
2001	-821.21	-318.63	-353.36	-19.05	-1 369.70	611.75	224.19	101.65
2002	34.74	-179.56	-220.42	-10.53	-326.67	-284.57	77.61	-207.54

（续表）

	第一季度		第二季度		第三季度		第四季度	
	当周	后一周	当周	后一周	当周	后一周	当周	后一周
2003	662.26	-376.20	83.63	-211.70	173.27	-331.74	236.06	46.45
2004	-53.48	26.37	6.31	-44.57	-28.61	-237.22	106.70	177.20
2005	-144.69	-186.80	110.44	-325.23	-36.62	-222.35	97.01	7.68
2006	203.31	0.32	122.63	-25.46	168.66	-52.67	138.03	-102.30
2007	-165.91	-370.60	215.09	-279.22	377.67	75.44	110.80	-84.78
2008	410.23	-144.92	-464.66	-496.18	-33.55	-245.31	-50.57	-63.56
2009	54.40	497.80	-259.53	-101.34	214.79	-155.01	-142.61	191.21
2010	117.29	108.38	239.57	-306.83	145.08	252.41	81.59	81.58
2011	-185.88	362.07	52.45	-69.78	516.96	-737.61	-317.87	427.61
2012	310.60	-151.89						
上涨次数	15	9	12	2	13	5	16	15
下跌次数	7	13	9	19	8	16	5	6

周一和周五的猎金法则

我认为股市在周一和周五这两天的表现至关重要。弄清楚交易者在每周始末两天的行为能够帮助预测市场走向。因此，三巫聚首日前的周一和到期的周五显得尤其重要。

在过去 22 次 3 月的三巫聚首周的周一，15 次行情上涨，而周五有 11 次。6 月，21 次周一上涨 15 次，而周五上涨 12 次。9 月现在是一年中行情最差的月份，三巫聚首日前的 21 次周一上涨 14 次，而周五上涨的情况出现 13 次，从 2004 ~ 2011 年连续 8 年上涨。12 月是每年表现最好的月份之一，近几年的三巫聚首日前后，该月的情况最为乐观。12 月的三巫聚首周的周一 21 次上涨 12 次，过去 21 年的周五中 13 次出现上涨。

这种情况再次强调交易者和投资者在行情不断波动的 3 月所面临的恐惧感。在 3 月三巫聚首周之前的牛市开始前入市，然后利用当周的强劲势头锁定收益，这种做法对短时间范围内进行投资的人来说是最明智不过的。短期高点通常出现在 3 月的三巫聚首周期间。

从最易辨识的股市周期中获利

随着对交易和股市的季节性走势的了解越来越深入，我发现到期周五和三巫聚首的规律显而易见。金融交易事件按照一致的规律发生，而且全世界的大型金融机构全部卷入进来，动用大量资金进行交易，这引发出股市中最容易辨识的周期性模式。

对投资组合做调整的时候，大家须十分留意这些季度性规律。

大部分情况下，大家可以通过三巫聚首日后一周增加多头，并在三巫聚首期间获得收益。请记住，三巫聚首的当周和下一周，在 6 月和 9 月的时候波动格外剧烈且明显负偏。

重点回顾

- 每季度的股票期权、股指期权和股指期货在 3 月、6 月、9 月和 12 月到期，因此引发“三巫聚首”。它对股市有深远影响，并存在明显规律。
- 每年的最优 6 个月中的 12 月和 3 月，到期周势头最强，而在 6 月和 9 月，行情见涨的势头减弱。
- 最好避开三巫聚首周的后一周，但 12 月除外。另外，即便是在到期周获得了相当的收益，也不要期待接下来的一周中会获得更多。在行情下跌的三巫聚首周之后，接下来的那周通常也跟着下跌。

第8章 秋季饿死熊市

在别人恐惧时贪婪

umn Planting Autumn Planting Autumn Planting Autumn Planting Autumn Pla

股市好坏往往是同一枚硬币的两面。
8月股市空空如也？9月行情声名狼藉？
历史上股市的三次大崩盘都发生在10月？
股市的秋季弥漫着恐惧的气息，但这3个月更多的
时候扮演着熊市终结者的角色。
在所有人恐惧的时候贪婪，
才是真正的股市投机家！

第二次世界大战结束后的现代时期，19 次熊市最低点中有 11 次于秋季结束。这几个月最适合建立新的多头或往已持股份中投入更多资金，这时候的股价通常都非常诱人。

“人性”使得股市季节性变化在一定程度上与大自然保持着同步。只不过对股市收益而言，主要是在夏末初秋的时候播种，在冬季与春季时收获。接下来的 4 个章节中将为大家介绍季节性模式中每个月的表现情况，采用的方式将不同于以前依照股市季节性走势制成的时间表。

我将从 8 月开始讨论每月的季节性走势，原因很简单，1950 年之后的现代时期，19 次熊市最低点中有 11 次于 8 月、9 月或 10 月结束。而从最近的情况来看，从 1982 年起，最后 8 次最低点中有 6 次在这些月中结束。这几个月最适合建立新的多头或往已持股份中投入更多资金，这时候的股价通常都非常诱人。

8月记事：交易所空空如也

20 世纪前半叶，秋季丰收带来的大量现金使 8 月成为股市表现极好的月份。事实上，从 1901 ~ 1951 年，8 月行情涨势最强。1900 年，37.5% 的美国人口都在耕种。而现在耕种人口不到 2%，

8 月则成为每年股市行情最差的月份。过去 15 年，标准普尔指数中情况最差的月份正是 8 月。

历史上最短的熊市仅 45 天，由俄罗斯动荡、亚洲货币危机和美国长期资本管理公司的崩溃引起，于 1998 年 8 月 31 日结束。当月，道琼斯指数破纪录地下降了 1 344.22 点，跌幅为 15.1%，这是 1950 年以来第二严重的月跌幅。当天，道琼斯指数下跌 512.61 点，跌幅 6.4%，这是 1987 年以来最严重的日跌幅。1990 年 8 月，萨达姆·侯赛因让股市下降了 10%。道琼斯指数上涨情况最佳的时刻出现在 1982 年上涨 11.5% 和 1984 年上涨 9.8%，那正是熊市结束时。

中资国际投资黄河点评 >>>

引发亚洲危机的原因是泰铢的币值被人为高估，所以解决危机要靠贬值。贬值之后资本大量逃离泰国，股市楼市暴跌，财富急剧缩水，收入效应使得消费投资都大幅度下降，导致经济衰退。亚洲经济危机本质原因在基本面上，任何脱离基本面分析单纯强调投机资本运作的都是阴谋论。

由于容易出现恶性抛售，8 月份的股票交易总是受到挫折。另外，由于当月是广受欢迎的假期，交易大厅里空空如也，这使得恶劣情况持续下去。

在后选举年中，8 月的情形更加典型。当月损失惨重，位于道琼斯工业指数上的最后一名，位于标准普尔指数、纳斯达克指数和罗素 1000 指数上的倒数第二名，以及罗素 2 000 指数上的倒数第三名。8 月中期的行情与整个月的情况无大差异。前选举年的 8 月出现过不小的涨幅，在道琼斯指数和标准普尔指数上的排名有所上升。选举年的 8 月行情更优，在罗素指数上排名第一，小型股罗素 2 000 指数上的平均涨幅为 3.5%，上涨 5 次，下跌 3 次。

过去 22 次到期周的周一，道琼斯指数出现 15 次上涨，其中不乏大型涨幅，但在同年份中的到期周周五，12 次出现下跌。总的来说，到期周行情看跌，半数以上的时候股价下降，其中有不少跌幅严重。2011 年的到期周，道琼斯指数下跌 4%，但接下来的那周情形稍有好转。2000 ～ 2004 年，到期周连续 5 年上涨，但在最近 7 年，4 年出现下跌。另 2011 年时，指数回涨 4.3%，把之前的损失一次性弥补了上来。

8 月的前 9 个交易日行情疲弱，但该月中期走势较强。8 月底，由于人们全心全意地享受着暑假最后的日子，华尔街上空空如也，股市行情遭到重创。在过去的 16 年，有 10 年的 8 月最后 5 天遭遇打击；过去 16 年的 8 月倒数第 2 天中，仅有 4 次出现上涨。同一时期，8 月最后 5 天的股市平均损失表现如下：道琼斯指数下降 1.5%，标准普尔指数下降 1.3%，纳斯达克指数下降 1%。小型股指数的表现稍微好一点，罗素 2000 指数仅下降 0.2%。

9月清洗抛售

9 月基本上是每年的行情最差月份；互联网泡沫破灭后的太平盛世，即 1996 ～ 1998 年这标志性 4 年过后，1999 ～ 2002 年间 9 月行情连续出现下跌。尽管 9 月开始时行情走势强劲，但是一旦人们脸上由于假日阳光造成的棕褐色开始消褪，孩子们陆续返校，第三季度接近尾声，基金经理人将陆续开始内部清洗，这将导致严重的月底抛售。在金融机构清算完成前，我强烈建议避开多头。

后选举年的 9 月虽不是这类年份中的最差月份，但同样倾向于出现大型跌幅。在过去 15 个后选举年的 9 月，9 年出现数次微小跌幅。盛大工业带动股市行情上涨，1953 年的熊市于 9 月结束。

1965年9月，越南战争相关的国防开支增加，这让股市行情看涨。尽管赎罪日战争、水门事件和石油输出国组织的原油禁运政策让1973年和1974年出现超级熊市，但1973年的下跌于8月份结束。1997年7月，降低资本收益税的政策由克林顿总统签署生效，这在9月时帮助提振股市。8月和10月，股市分别下降7.3%和6.3%。2005年，在卡特里娜飓风破坏新奥尔良之后，股市于9月反弹。为回应全球金融危机，美国政府实施空前的财政和货币刺激政策，这些政策使得股市从2009年7月到2010年4月期间几乎直线上涨。

中资国际投资黄河点评 >>>

20世纪60年代末期的美国社会动荡，后台危机，经纪公司倒闭，加上遇到自胡佛总统以来最严重的熊市，使得华尔街在70年代早期成了一个最不受人们欢迎的地方。1970年5月26日，道琼斯指数下跌到631.16点，相比去年年末下跌整整1/3。如果不是机构投资者救市，市场将更加惨不忍睹。

第二次世界大战后，8次10月中期低点之前的9月中期行情均让投资者尝到苦头。和10月一样，9月也是势头强劲的前选举年中的薄弱环节。在过去11次选举年9月，标准普尔指数仅4次下跌：1972年和1984年，现任总统成功连任；2000年，现任总统没有继续竞选，当年总统大选活动混乱不堪，指数下跌5%以上；2008年，雷曼兄弟倒闭。

除了之前的周一，大家不可小看9月的三巫聚首日。过去22年中的9月三巫聚首日前的周一，有15次道琼斯指数呈现上涨。从2004 ~ 2011年连续8年间，三巫聚首周的周五行情持续上涨，但更长期的观测记录显示其势头并不十分强劲。过去的22年中仅有13年上涨。三巫聚首周行情可能会十分惨烈，尤其是熊市期间，而之后一周的行情仍不乐观，过去22次中17次出现下跌，道琼斯指数平均下跌1.2%。

尽管 9 月的声名狼藉，但是历史上也出现过几次上涨。该月的第 11 个交易日便让大家看到了一线希望，过去 10 年中有 8 年道琼斯指数显示上涨，平均涨幅为 0.6%，而道琼斯指数在每年这天的累积涨幅惊人，高达 720.24 点。上文中提到过，三巫聚首日之前的周一行情持续呈现出强劲走势。然而，除开这几天，该月中有不少时候被不可预测的因素笼罩，特别是后半月。倒数第 3 个交易日是最后两周中行情最好的一天。这天，道琼斯指数在过去 10 年中有 8 年上涨。然而，该月的最后一天在过去的 10 年中有 8 年下跌。

每次中期年 9 月，道琼斯指数表现乐观时，低点已经就位，而新一轮升势已在行进中。从表 8.1 可看出，中期年道琼斯指数在 9 月的涨幅逐渐缩小；表中还呈现出当年剩余月份百分比变动、年度变化和中期年低点到前选举年高点的回升情况。

玄机暗藏的10月：熊市终结者

10 月的华尔街上总是弥漫着一种令人恐惧的氛围。人们还记得 1929 年和 1987 年的崩溃，1997 年 10 月 27 日当天跌幅高达 554 点，1978 年和 1979 年连续出现下跌，1989 年 10 月 13 日周五和 2008 年 10 月 15 日的情形一样，跌幅高达 733 点。该月这种行情下跌的情况被描述为“10 月恐惧症”。股市灾难很可能成为自我实现的预言，请一定时刻警惕，事情发生的时候尽量避免两头吃亏。

10 月一直是出现转机的月份，或可被称为“熊市终结者”。第二次世界大战后的 12 次熊市均在 10 月结束：1946 年、1957 年、

表 8.1　1901 年之后中期选举年 9 月低点后的市场情况

	中期年低点		9 月	10 月	11 月	12 月	年度	选举前一年高点		
年份	日期	DJIA	增长(%)	增长(%)	增长(%)	增长(%)	增长（%）	日期	DJIA	回升（%）
2010	7.20	9 686.48	7.7	3.1	-1.0	5.2	11.0	4.29	12 810.54	32.3
1954	1.11	279.87	7.3	-2.3	9.8	4.6	44.0	12.30	488.40	74.5
1958	2.25	436.89	4.6	2.1	2.6	4.7	34.0	12.31	679.36	55.5
1950	1.13	196.81	4.4	-0.6	1.2	3.4	17.6	9.13	276.37	40.4
1998	8.31	7 539.07	4.0	9.6	6.1	0.7	16.1	12.31	11 497.12	52.5
1942	4.28	92.92	2.6	4.5	0.4	4.3	7.6	7.14	145.82	56.9
2006	1.20	10 667.39	2.6	3.4	1.2	2.0	16.3	10.09	14 164.53	32.8
1918	1.15	73.38	2.2	1.0	-5.1	1.3	10.5	11.03	119.62	63.0
1938	3.31	98.95	1.6	7.3	-1.3	3.3	28.1	9.12	155.92	57.6
1906	7.13	62.40	0.9	-2.0	2.4	-0.8	-1.9	1.07	70.60	13.1
1910	7.26	53.93	0.1	6.3	-2.7	-1.4	-17.9	6.19	63.78	18.3
1914	7.30	52.32	第一次世界大战			4.3	-5.4	12.27	99.21	89.6
平均			3.5	2.9	1.2	2.5	15.0			48.9

1960 年、1962 年、1966 年、1974 年、1987 年、1990 年、1998 年、2001 年、2002 年和 2011 年。其中 8 次是中期年低点。

《股票交易者年鉴》出版的 47 年中，我们有两次猛扑向那些中期年 10 月低点，建议投资者全力买入。报纸上端用大写标题写了整整 18 个“买! ”。1974 年 10 月，耶鲁·赫希不顾水门事件、石油输出国组织原油禁运和大萧条时期以来最严重的熊市，鼓起胆量承担风险。最近的 2002 年，我们于 10 月 16 日迎来最后一击，熊市终于此时。这次熊市让纳斯达克指数从 2000 年高点下跌了 77.9%，这也是 20 世纪 70 年代以来最严重熊市，促使其形成的原因有很多：猖獗的企业不法行为、恐怖主义、“9·11”事件的记忆、阿富汗和与伊拉克之间逼近的对抗。

10 月的股市行情曾一直都十分可怕，从 1950 ~ 1997 年，道琼斯指数在 10 月份的累计跌幅最大。但从 1997 年遭遇惨败起，10 月实现大逆转，成为每年中表现第二好的月份，过去 14 年里 10 年呈现上涨。2011 年的 10 月其实是历史上第二次出现道琼斯指数涨幅高于 1000 点的亚军月份。第一次出现在 1999 年 4 月。每年的最差 6 个月于 10 月结束。由于 10 月是个股市新星，又通常是熊市杀手，该月已经成为一年中做多头的最佳时机之一。

后选举年中，由于其他月份受到熊市逆流的正面袭击，10 月表现相对良好。因为之前提到的重大转变，中期选举年的 10 月是颗十足的新星，在道琼斯指数、标准普尔指数、纳斯达克指数和罗素 1000 指数上均排名第一，在罗素 2000 指数上排名第二。前选举年的 10 月通常是最薄弱的环节。但如果遇上牛市，该月股市将出现大幅增益，最近的 1999 年、2003 年和 2011 年均是案例。选举年的 10 月股市表现通常趋于平均水平，但 2008 年糟糕透顶的表现使之下降到平均水平以下。选举年间，现任总统是否竞选对股市行情的升降有密切联系。

中资国际投资黄河点评 >>>

一切事物都遵循物极必反的规律，普遍性的悲观情绪往往就是好日子即将到来的征兆。普通投资者为什么会与他们原本用作期待你的基准相差甚远？原因就在于他们是在错误的时间入市，然后又在错误的时间退市。（肯·费雪《下一个暴富点》[M]. 广州：广东人民出版社，2013）

10月的期权到期周里暗藏不少机会。从1982年起，道琼斯指数在到期周的周一仅出现过5次下跌，而罗素2000指数从1990～2006年连续17年上涨，但在过去5年中有4年出现下跌。到期日和当周一样，记录参差不齐。在10月股市低点之后，下一周将出现强势上涨，否则就很可能持续下跌。任何薄弱时机都能利用，做新的多头。

10月初的几天，股市行情通常出现小幅上涨，但之后倾向于走低。在期权到期日前后的月中交易状况很强劲，但该月第三周是薄弱环节。这个月的最后几天里，倒数第二天的强劲势头最为可靠，过去21年里，道琼斯指数和标准普尔指数有14次上涨，平均的日增幅在0.5%到0.7%之间。

播种收益的种子：在所有人恐惧的时候出手！

从8月到10月，常年经济情况的完美风暴为股市的土壤施肥。8月假期期间，股票交易量骤减，股市交易者人数大量减少。第三季度末，投资策略引起卖出增加，造成真空，导致股价下降。

这就是熊市低点大多出现在每年这3个月的原因，也解释了为什么它们是购入股票的最佳时机。

重点回顾

- 在过去的 62 年间，最佳购入时机出现在每年 8 月、9 月和 10 月。这 3 个月是播种多头种子的最佳月份。
- 每年的最差 6 个月于 10 月结束，然而，由于季节性发生转变，领跑者提早考虑，8 月和 9 月已被证明为每年做新多头的最佳时期。10 月已成为熊市终结者的转变月。
- 相比其他月份，10 月出现熊市低点的次数最多。

第 9 章

最火热的冬天

现金流和好消息多得像下雪

Winter of Content

如果你只打算在股市投资 3 个月，
11 月、12 月和 1 月将是你的最佳选择。
冬季不仅是股市增长最疯狂的季节，
它还充满了预测性的重要指标。
什么是“华尔街的免费午餐”？“圣诞老人回升大礼”
将在哪个时间出现？如何利用预测准确率
高达 75.8% 的“1 月晴雨表”？
把握冬季，就等于赚到了全年股市的大部分利润。
而当冬季情况发生转变，则要当心新一年熊市的到来。

11月到次年1月的3个月是历史上买入股票的最优时期。这个时期的交易通常受到假期行为的驱动，不会暗藏严重危险。

11月、12月和1月是每年股市行情最好的3个月。不仅股市出现增幅的几率大得惊人，增幅本身相比其他月份也要高出一大截。

如果每年大家只准备投资3个月，那么这就是最佳的时机。从1950年起，道琼斯指数和标准普尔指数从11月到1月平均上涨4.3%，而纳斯达克指数和罗素2000指数增长6.4%。

相反地，如果这3个月就像在2007年和2008年那样没有实现增长，那么大家必须马上警惕这个危险信号。该出现的没有出现，这种事件往往暗示了重大信息。

中资国际投资黄河点评 >>>

艾德森·古尔德根据美联储政策的变化来进行预测。他的著名原则是“三步一停”(three steps and a stumble)，意思是，如果美联储利率上调3次，就表明银根紧缩，熊市将要来临。相反，利率下调3次就表明银根放松，牛市将至。

已故的股市分析家埃德森·古尔德(Edson Gould)说得好：“如果股市在季节性上涨期间没有按理回升，这意味着有另外更加强劲的负面力量在起作用，这同时还表明当季节性上涨时期结束的时候，这股负面力量将占据真正的主导地位。”

11月资金注入：为股市加满燃料！

11 月是假期，也是全年股市行情最佳月份的起点。依据不同的时间范围或时间指标，11 月可能排名第 3 或者第 4。它是道琼斯指数和标准普尔指数表现最优 6 个月的起始月，也是纳斯达克指数最优 8 个月的起始月。小型股在 11 月开始出现好转，但要等到 12 月份同时也是全年最后两周时才真正起飞。

第四季度，从各机构涌入的现金流驱使 11 月领头进入全年最优的连续 3 个月，因此该月一直保持行情最优月的地位。然而，在熊市期间，股市将在 11 月遇到麻烦。受到悬而未定的总统大选和方兴未艾的长期熊市的压制，2000 年 11 月纳斯达克指数下跌 22.9%，是该指数自 1971 年 2 月 5 日诞生以来第二差的月份，仅次于 1987 年 10 月的情况。

由于 11 月在总统选举周期 4 年中从未出现过持续下跌走势，因此该月的股市势头显而易见。从 1953 年起的 15 个后选举年中，道琼斯工业指数仅在 3 个 11 月份中呈现出下跌，且均出现在越南战争期间，标准普尔指数呈现 4 次。

中期选举年的 11 月和 10 月一起形成少有的组合拳，纳斯达克指数在这两个月中上涨 8.1%。虽然前选举年股市通常很强劲，但这些年份里的 11 月股市反而表现平平。

选举年的 11 月在道琼斯指数和标准普尔指数上均排第一，但如果遇上纷乱喧嚣的选举环境和 2008 年的金融危机，股市也出现下跌。2000 年的 11 月是自 1948 年杜鲁门打败杜威当选以来行情最差的选举年 11 月，而 1948 年则是 1888 年以来第一次出现不稳定的总统大选。2008 年 9 月，由于雷曼兄弟倒闭带来的恶性影响，

2008 年 11 月的股市如同 2000 年 11 月那样出现大幅下跌。

11 月的期权到期周通常与感恩节的前一周重合。不管怎样，这一周股市行情强势。1993 ~ 2002 年，道琼斯工业指数在这一周连续 10 年上涨，但在过去的 9 年中有 4 年出现下跌。

在期权到期日前一周的周一，股市行情十分不稳定，从 1994 ~ 1998 年道琼斯指数连续 5 年上涨，那时正处于 20 世纪牛市期间，但 1999 ~ 2003 年期间又出现连续 5 年下跌，而且 2004 ~ 2012 年又出现 5 年下跌。期权到期日的情形也相差无几，但这天的行情相对涨幅较大，在过去 22 年里有 15 年上涨。在最近几年的期权到期日的后一周，股市行情遭遇惨败，过去 6 年中 5 年出现下跌。

尽管 11 月行情看涨，但也并不是全是走势强劲的日子，该月也曾出现过低点。过去 21 年，道琼斯指数和标准普尔指数在前两个交易日总是呈现较高的平均日增幅。纳斯达克指数和罗素 2000 指数起步时势头更加迅猛。接下来 3 天，股市行情看涨，但在第 7 个交易日通常会出现损失。横向摇摆几天后，股价将在月中前继续上涨，然后在接下来的几天有所回落。在月末前 5 天左右，第四季度回升期到来，股市升温，直到 12 月到来前停止上涨。债券市场在美国老兵纪念日当天关闭。

12月股市狂飙

从 1950 年开始，每年 12 月的股市行情在道琼斯工业指数上排名第二，在标准普尔指数上排名第一，两个指数在 12 月的平均涨幅均为 1.7%。在小型股指数上，12 月份股市行情排名靠前，纳斯达克指数上排名第二。股市行情很少在12月时急转直下，但出现此种情况时，这通常是一个转折点。要么接近高点，要么掉进谷底。如果接近12月份时股市行情一直看涨，那么这很可能是将要下跌的表现。相反地，如果市场在接近12月份时股市动荡，而当月又出现急剧下跌，那么大家可以期待不久后出现回升。1928年以来，1998年12月所在的第四季度是行情最优时期。

12月的股市交易不仅受到假期的推动，专业交易者和经纪公司在这个月的买入倾向也为之提供动力。然而，由于税损卖盘和年中投资组合重组高潮的出现，这个月的前半期倾向于下跌。12月受到股市季节性的影响，同时还有许多重大事件发生。接近月中时，小型股的表现将开始强于大型股，我主张的“免费午餐”策略在华尔街得到重视。“圣诞老人回升大礼”是第一个用来预测股市新年走势的指数，它于12月最后一周开始。

在过去15次后选举年的12月份中，标普500指数4次下跌，道琼斯指数5次下跌。在过去16次中期选举年的12月份中，股市4次下跌。主要中期年低点出现在1966年、1974年和2002年；2002年12月份是1931年以来股市行情最差的12月，道琼斯指数和标准普尔指数跌幅超过6%，纳斯达克指数下跌9.7%。第二次世界大战以后，道琼斯工业指数在前选举年的12月仅下跌3次：1975年下跌1%、1983年下跌1.4%和2007年下跌0.8%。选举年的12月份股市行情良好，标准普尔指数在过去15次上涨12次，平均涨幅为1.2%。

12月的三巫聚首周对于道琼斯指数来说很有利，过去22年中周一上涨次数为12次，而周五则为14次。从1984年以来，这一周的上涨次数达到惊人的23次。12月三巫聚首周的后一周在所有三巫聚首周后一周中行情最优，也是唯一行情明显呈现涨势的一周。从 1991 年起，纳斯达克指数和罗素 2000 指数上，12 月的前 3 个交易日的行情表现最为强劲。相比之下，道琼斯指数和标准普尔指数在月初时起步较低，直到第 3 个交易日时才呈现出明显的涨势。然而，第四天交易情况趋于保守，由于税损卖盘，这种状态将一直持续完前半月。直到 12 月三巫聚首周后一周中期，股市才开始在大多数的天数里持续上涨。

圣诞节前后，股市表现强劲，道琼斯指数连续五年在节前那天实现上涨，并在节后 6 天中有 4 天呈现涨势。纳斯达克指数历史上连续 29 年在每年最后一个交易日里出现上涨，这个明星记录一直持续到 2000 年。从这年起，纳斯达克指数在接下来的 12 年下降 11 次。年终交易日里上涨趋势大不如前的原因，是大量投资者都在年终重组自己的投资组合。

我找出针对小型公司的罗素 2000 指数 34 年的每日数据，并用这些数据除以针对大型公司的罗素 1000 指数。这样，庞大的数据便缩减为一年的状态，变成理想化的年度模式。当图 9.1 中的数据开始呈下降趋势，大型蓝筹股将赶超小型股；当图呈现上升趋势时，小公司上涨速度将超过大公司。

图 9.1 清晰明了地表明小型股表现优于大型股的“1 月效应”开始于 12 月中旬。小型股在 10 月末和 11 月末的表现同样值得投资者注意。12 月初下跌的小型股可被列入现有头寸或被选为新头寸。请注意，到 1 月中旬该趋势就已经完成了大半，但它仍将一直持续到 3 月初。如果实施我针对小型股制定的标准交易策略，在翻了一番的时候卖出一半股份来放弃期初投资，那么大家可以轻而易举地获得超额收益。

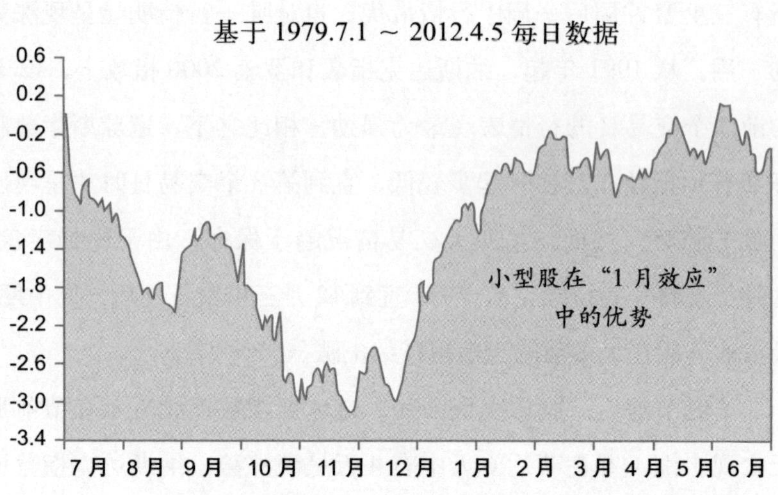

图 9.1　罗素 2000/ 罗素 1000 指数的年周期变化模式

“华尔街的免费午餐”策略

这些年来，我采用的“河底摸鱼”（bottom-fishing）策略利用了上文讨论的年终小型股强劲势头。我的“免费午餐”策略耗时极短，专为最灵活的交易者设计。

> **中资国际投资黄河点评 >>>**
>
> “河底摸鱼”指投资者认为股价不太可能进一步显著下跌而买进股票。另外，亦指公司收购亏损的同业或是收购它们的资产。

税损卖盘倾向于把走低股市推向年终交易水平。在过去，纽约证券交易所股票如果在 12 月 15 日低点卖出的话，它们通常在次年 2 月 15 日时跑赢大盘。税损卖盘常常在三巫聚首前后达到顶峰，因此在选择股票的时候，我会关注那些三巫聚首周周五达到 52 周新低的股票，将股市年终强劲势头转化为资本。

候选股票都经过精心挑选。被排除掉的包括优先股、封闭式基金、交易所指数基金、交易所交易债券（ETN）、拆股、新发行的证券、非正规普通股和不完善的公司。当涌现大量新低，被挑选出来的是那些位于最低谷的股票。

通过筛选之后，仅有少部分纽约证交所股票符合要求，这让我的策略更加精炼。

另外，从纳斯达克指数和美国证券交易所交易股票中挑选出来的部分，也表现出与纽约证券交易所股票相类似的特点，因此近几年这两类也被纳入进来。这些股票通常在 1 月的时候开始带来收益，因此我一般会在 1 月中旬或者实现短期收益的时候卖出。

中资国际投资黄河点评 >>>

"死猫式反弹"指价格崩跌后快速地小幅反弹，通常是指无基本面因素支持的反弹升势，反弹之后很可能又将再度疲软。此词据称源自这种说法：只要跌下来的幅度足够大，就算是死猫也会反弹。

我们的目标是在较便宜的股票位于 52 周低点的时候购入，并在快速取得大量收益后及时卖出，它们可以带来真正的收益。这种交易贵在迅速，请不要过分执着于这些股票。一旦上涨，就赶紧卖掉它们。我们只需要尽可能将"死猫式反弹"现象转变为资本。如果这些股票中有任何一支翻了一番，那么赶紧至少卖出一半，或者利用跟踪止损点，如果继续上涨，就继续持有，如果下跌，即刻离市。

免费午餐策略在市场回调之后或年底出现更多新低的时候效果更佳。

在过去的 38 年里，这些较便宜的股票仅在 5 年中弱于纽约证券交易所综合指数。这些股票在持股期间的平均涨幅为 12.7%，轻易打败了纽约证券交易所综合指数的 3.1% 的平均涨幅，超出近 10%。

当圣诞老人没有到来

股市于圣诞节关闭前后，市场通常出现一次短暂但相当可观的回升，它从每年最后五个交易日一直持续到第二年的头两天。从 1953 年起，标准普尔指数在这 7 天里的平均涨幅为 1.5%。我们称之为“圣诞老人回升大礼”。

当这个可信度很高的季节性规律出现反常的时候，我们应当警惕起来。它通常是新年熊市或大型回调的征兆，但这也说明后半年投资者们能够按低价买入。耶鲁·赫希于 1972 年时发现这个现象。几十年来，我们一直警告投资者留意这个征兆，并引用耶鲁的话来加深人们的印象：“如果圣诞老人没有到来，熊市可能将降临到百老汇街和华尔街。”

从表 9.1 中可看出，2000 年的情况绝对是一个典型，那年圣诞这 7 天，股市出现 4% 的惊人跌幅。2000 年 1 月 14 日，道琼斯指数开始出现滑坡，到 2002 年 10 月中期选举年低谷的 33 个月里，跌幅高达 37.8%；纳斯达克指数在 8 周后也开始走低，10 周内下跌 37.3%，到 2002 年 10 月时共下跌 77.9%。

1990 年，萨达姆·侯赛因悍然进攻科威特，圣诞老人没有如期到来。1991 年 1 月 9 日，标准普尔指数在一周内下跌 3%，之后便是海湾战争的爆发。这几件事导致股市降到三重低谷，以后恐怕是难得再出现这种情况。

2004 年，能源价格和中东恐怖主义灾难本可能再次阻挡住圣诞老人。2007 年，衰退的早期迹象和下降的房屋价格让圣诞老人受惊，这两种情况最终导致了金融危机。历史上在 1979 年和 1981 年的同期，圣诞老人也没有出现，接下来分别是 1980 年和

表 9.1　标普 500 指数圣诞老人回升大礼（1953 ~ 2011 年）

新年	回升（%）	年度（%）	
1953	1.8	-6.6	
1954	1.7	45.0	
1955	3.0	26.4	
1956	-0.9	2.6	4 月顶峰
1957	1.2	-14.3	
1958	3.5	38.1	
1959	3.6	8.5	
1960	2.4	-3.0	
1961	1.7	23.1	
1962	0.4	-11.8	
1963	1.7	18.9	
1964	2.3	13.0	
1965	0.6	9.1	
1966	0.1	-13.1	
1967	-1.4	20.1	牛市
1968	0.3	7.7	
1969	-1.2	-11.4	熊市
1970	3.6	0.1	
1971	1.9	10.8	
1972	1.3	15.6	
1973	3.1	-17.4	
1974	6.7	-29.7	
1975	7.2	31.5	
1976	4.3	19.1	
1977	0.8	-11.5	
1978	-0.3	1.1	2 月低谷
1979	3.3	12.3	
1980	-2.2	25.8	牛市
1981	2.0	-9.7	
1982	-1.8	14.8	牛市

（续表）

新年	回升（%）	年度（%）	
1983	1.2	17.3	
1984	2.1	1.4	
1985	-0.6	26.3	牛市
1986	1.1	14.6	
1987	2.4	2.0	
1988	2.2	12.4	
1989	0.9	27.3	
1990	4.1	-6.6	
1991	-3.0	26.3	海湾战争
1992	5.7	4.5	
1993	-1.1	7.1	通货膨胀
1994	-0.1	-1.5	通货膨胀
1995	0.2	34.1	
1996	1.8	20.3	
1997	0.1	31.0	
1998	4.0	26.7	
1999	1.3	19.5	
2000	-4.0	-10.1	熊市
2001	5.7	-13.0	
2002	1.8	-23.4	
2003	1.2	26.4	
2004	2.4	9.0	
2005	-1.8	3.0	通货膨胀
2006	0.4	13.6	
2007	0.003	3.5	
2008	-2.5	-38.5	熊市
2009	7.4	23.5	
2010	1.4	12.8	
2011	1.1	-0.003	通货膨胀

1982年的熊市股市低点。如果搭配下一小节中介绍的“新年前5天”和“1月晴雨表”的下跌，圣诞老人的指标将最为有效。

繁荣的最高点：1月股市大爆炸！

英语中“1月”（January）来源于罗马神话中看守门户的两面神（Janus）的名字，这个月对华尔街来说具有传奇声誉。自1950年以来，耶鲁·赫希发明的1月晴雨表拥有75.8%的平均成功率，这为之积攒了很多人气。新年伊始，1月不仅对很多指数和反复出现的市场模式来说相当重要，也是很多重要事件发生的月份。美国总统在这个月就职并发表国情咨文，新国会召集开会。

金融分析师发布年度预测。假期欢庆活动过后，人们陆续开始返工，学校开学。所谓的“1月效应”将让小型股跑赢大型股。另外，大量季节性指数均发生在1月：新年第二天标志着圣诞老人回升期的结束，“新年前5天”指数是我们初探新年交易环境的窗口，而标准普尔指数在该月的涨跌情况将形成1月晴雨表。

在过去41年里，1月股市行情在纳斯达克指数上排名第一，在道琼斯指数和标准普尔指数上排名第三，这个月也是每年行情最优3个月的最后一个月。从1971年起，纳斯达克指数在该月的平均涨幅为2.8%。1月的股市行情令人深刻印象，但这个强势的月份同样充满着重要的季节性规律和警告性指标。新年到来，年底奖金和投资组合重组带来的现金流涌进市场。分析师和市场策略师试图提前把握股市在新年里的脉象，**这使得1月对于股市来说成为一年中最重要的月份。**

依据我们的股市概率模型，1月的股市行情呈现出相当明显的交易模式。新年的第一个交易日通常还保持着欢乐气氛，道琼斯指数在过去 21 年有 14 年出现上涨，纳斯达克指数上涨 13 次。然而，标普 500 指数和罗素 2000 表现得相当低落，上涨次数分别为 9 次和 7 次。这正是进入股市最恰当的时机，交易者仍不稳定，而第二天行情走势将更加强劲。

在接下来的几天，股市呈现轻微地走低趋势。股票在该月第 10 个交易日变得活跃起来，第一次月中 401 (k) 退休福利计划的现金，将在这天前后注入市场。在每年马丁·路德·金纪念日的 3 天连假前，买入行为增多。在这两 3 天股市行情急剧上升之后，股票开始廉价出售，股价上下波动，这种情况将持续到月底。

1 月的到期日当天，道琼斯指数在过去 14 年里下降 10 次，但在过去 4 年中呈现 3 次上涨。到 1 月渐渐接近尾声的时候，股市走向回升，1 月月底当天是每年行情最佳日之一，而罗素 2000 指数在这天的表现更是强劲。

“1月头5天”：全年股市风向标

1 月的前几日里有两个预警指标：“圣诞老人回升大礼”和“1 月头 5 天”。为期 7 天的“圣诞老人回升大礼”在 1 月的第二个交易日结束；自 1950 年以来，标准普尔指数在这 7 天的平均涨幅为 1.5%。这个持续时间短但可信度很高的指标如果没有按期出现的话，形势将更加糟糕。如果每年年底的典型上涨走势没有如期出现，之后通常都会出现熊市或者回调。

1 月的前 5 天的行情能为接下来一年的情况作出初步预测，特别是当这些天行情呈现上涨趋势的时候。自从 1950 年起，标准普尔指数在 1 月头 5 天里有 39 次呈现出上涨，接下来有 33 个整年呈现涨势，准确度高达 84.6%，而这 39 年的平均涨幅为 13.6%。

这 6 次例外包括 1994 年和 2001 年出现的无涨落股市和另外 4 次与战争相关的股市情况：越南战争期间的军费开支推迟了 1966 年的熊市；1973 年初时将到来的停火使得股市出现短暂上涨；萨达姆 · 侯赛因让 1990 年行情变成熊市；恐怖战争、中东地区不稳定的局势、企业违法行为让 2002 年成为历史记录上股市行情表现最差的年份之一；欧洲外债危机抵消了 2011 年上半年的涨幅。

历史上 23 次 1 月头 5 天出现跌幅的情况均不具有可预测性，它们接下来上涨 11 次，下跌 12 次。然而，在后选举年中，行情下跌的 1 月头 5 天仍能说明问题。

过去 14 次后选举年 1 月头 5 天里，标普 500 指数下跌了 9 次，而这 9 次整年行情走低，平均跌幅达到 11.1%。5 次后选举年的 1 月头 5 天呈现出涨幅，而随后有 4 次也是相同情况。平均上涨 22.6%。

在中期选举年，这个指标的记录参差不齐，甚至自相矛盾。在过去 15 次中期选举年中，仅有 7 年的情况与当年 1 月头 5 天的行情一致，过去 8 年中仅有一年如此。观测整个月的 1 月晴雨表，其中期年里记录较好，精准度比例达到 66.7%。

前选举年的 1 月份就像是一艘满载物资的船。1939 年以来，一月份里道琼斯指数从未出现过下跌。仅有 1955 年、1999 年和 2007 年的 1 月头 5 天呈现下跌，但这三年标准普尔指数均有上涨。在过去 15 次选举年，12 年的整体状况与 1 月头 5 天的行情相同。1950 年以来，标普 500 指数仅下跌 3 次。

不可思议的1月晴雨表

耶鲁·赫希在1972年时发明了1月晴雨表，该指标自1950年起仅出现过7次失误，精准度高达88.7%。这个指标遵循的原则就是“全年的行情与1月的标准普尔指数情况一致”（详见图9.2）。在历史上7次失误预测中，越南战争影响到了1966年和1968年；1982年，大型牛市从8月才开始出现；2001年受到1月里两次降低利率和“9·11”事件的影响；2003年1月的股市被伊拉克军事活动预期所抑制。1900年以来的第二次最严重熊市于2009年3月结束，而美联储的干预影响到2010年股市行情。包括另外8次无涨跌的年份，1月晴雨表拥有高达75.8%的平均成功率。

在过去14次后选举年中，除开2001年和2005年，其他年份的股市行情均与1月份行情保持一致。过去15次中期选举年中，全年行情有10次均与1月相同。由于之前提到过前选举年中将会出现的强压，1月晴雨表在过去15次中成功预测了14次，唯一一次下跌出现在2003年，原因是伊拉克军事行动之前美国所遇到的一系列外因事件。

尽管一些年里出现整年或11个月的上涨，但自1950年以来，每次1月行情下跌时候，这一年将出现10%的回调、无涨跌以及新的或延续的熊市。行情下跌的1月之后将出现平均13.9%的大型跌幅，在不少年份中这都是购买股票的绝佳时机。

如果1月行情下跌，这预示着将有麻烦的事要发生，可能是经济、政治或军事领域。1955年，艾森豪威尔心脏病突发，人们怀疑他是否可以连任到1956年，导致次年股市无涨跌。另外两个

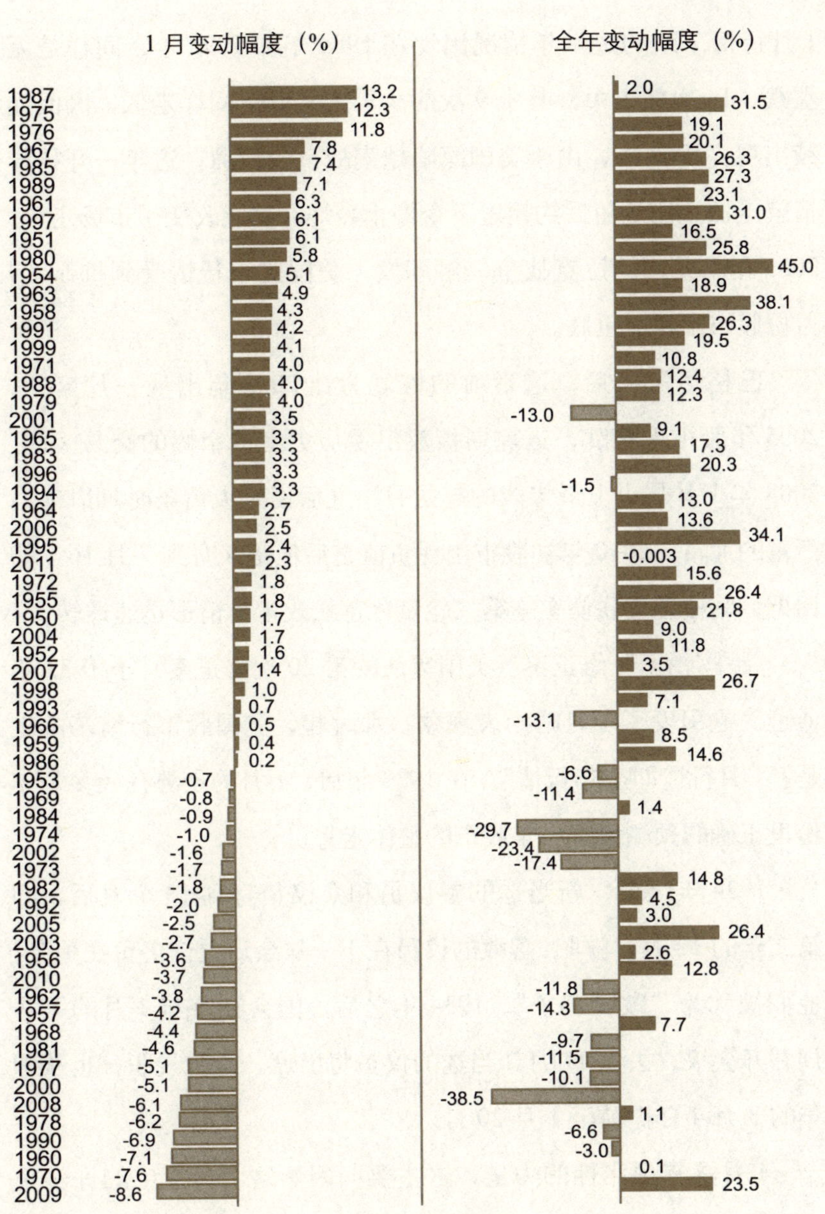

图 9.2　标普 500 指数 1 月表现（1987 ~ 2011 年）

1 月行情下跌的选举年情况出现在 1984 年和 1992 年，同样是无涨跌。13 次熊市中，其中 9 次的次年 1 月行情同样走低，因而连续出现。1968 年，由于美国深陷越南战争的泥潭，这年一开始行情就走低，但是随后约翰逊下令停止轰炸，因此改变了市场走势。2003 年 1 月，伊拉克战争一触即发，美国股市行情受到抑制，3 月份股市出现三重底。

巴格达沦陷后，选举前的恢复力让 2003 年出现一片繁荣。2005 年股市无涨跌，道琼斯指数出现历史上最窄幅的交易区间。2008 年 1 月是史上最惨淡的起始月，之后便是大萧条时期以来最严重的熊市。2010 年初股市出现负值之后便是 4 月到 7 月 16% 的回调，紧接着美联储实施第二轮量化宽松政策，情形迅速逆转。

“跛脚鸭子”修正案（美国宪法的第 20 次修正案）于 1933 年通过，它引发了 1 月晴雨表现象。那时起，美国股市行情基本就是“1 月行情即全年行情”。在 1933 年后，1 月的走势在大多数年份里正确的预测到了当年股市的整体走势。

1934 年以前，新当选的参议员和众议员直到 13 个月后，即第二年的 12 月才就职，落败的议员在下一届会议之前仍留在国会。他们被称为“跛脚鸭子”。1934 年之后，国会在每年 1 月的第一周召开会议，去年 11 月新当选的议员将出席。总统就职日也从每年的 3 月 4 日提前至 1 月 20 日。

1 月具有预兆性的力量，这主要归因于这个月发生的许多重大事件：新国会会议召开；总统发表国情咨文，进行年度预算并确定目标和首要任务。毫无疑问，这些事情影响着美国经济、华尔街和世界大部分地区。另外，1 月市场上现金流增多，投资组合得到调整，同时它也是拟订市场策略的时候，这些都能进一

步说明为什么 1 月行情有很强大的预兆性。如果这些事情发生在其他月份，那么 1 月晴雨表现象很可能将成为历史。

如果道琼斯指数在第一季度呈现出比 12 月收盘低点更低的数据，这通常是个明显的警告。雷蒙德詹姆斯公司的投资策略总经理杰弗里·索尔在几年前就提醒我们注意这个信号。12 月低点指标由吕西安·霍珀发明，他是 20 世纪 70 年代的《福布斯》专栏作家和华尔街分析师。霍珀认为 1 月及 1 月第一周的行情不仅重要，而且是非常可信的指标。他注意到，由于假期导致交易日减少的一周里，市场走势可能表现得很随机，甚至可能被操纵。霍珀说："请更加留意 12 月份的低点。如果新年到来时低点没有如期出现，一定要小心！"

32 次低点中有 18 次连着出现上涨，其中 16 次全年连着出现涨幅。1952 年以来，仅有两次连着下跌；当 12 月低点在第一季度里被跌破之后，道琼斯指数仍继续下滑，幅度达到 10.9%。当行情没有跌破 12 月低点的时候，仅有 3 个年份在接下来仍出现重大跌幅，分别是 1974 年、1981 年和 1987 年。两个指标都仅出现过 5 次差错，9 次无涨跌。当新年 1 月的行情没有跌破 12 月低点，1 月晴雨表的准确率几乎为 100%！

和股市相约在冬季

11 月到次年 1 月的 3 个月是历史上买入股票的最优时期。这个时期的交易通常受到假期行为的驱动，不会暗藏严重危险。1 月第二个交易日结束时给出的圣诞老人回升数据引领股市进入满是指标的月份。

当圣诞老人到来时，1 月头 5 天和 1 月晴雨表两个指标均发挥效用的情况在过去 63 年中出现过 27 次，包括 2012 年。前 26 次中接下来出现 24 次全年上涨，占去 92.3% 的情况。这些年中，标准普尔 300 指数的平均涨幅为 17.5%。

重点回顾

- 11 月到次年 1 月连续 3 个月持仓，这是历史上持有股票的最佳时期。
- 全年的行情与 1 月的标准普尔指数情况保持一致。

第10章 春季完美平仓

由攻转守，迅速收获一年利润

ng Harvest Spring Harvest Spring Harvest Spring Harvest Spring Harvest S

无论什么样的股市策略，都需要一个完美的结局。
在股市中，春季是收获股票收益的最好时间。
2月是“最优6个月”中的卧底？3月牛市和熊市
正式开始交战？4月是道琼斯表现最优月份？
在合适的时机平仓，让你的资产由攻转守万无一失。

随着交易量慢慢减少，市场基础和技术指标很可能会告诉投资者，春季是收获去年秋季播种、取得头寸收益的最佳时机。

我在美国的东北部长大。每年 2 月大雪纷飞，学校放一周寒假，我们便可逃往佛罗里达州。这些无忧无虑的日子早已一去不返。现在每年 2 月份的时候，我不是在飞机上，就是在媒体上向大家传达 1 月晴雨表的结果和年度预测的调整情况。接下来便参加总统日那天开始的纽约交易者博览会。

在 11 月到次年 1 月的最优 3 个月涨幅之后，股市通常在 2 月份停息片刻。根据 1 月涨幅的大小，股市在 2 月份时将回调或者加强。只要行情一走低，大家应该立即增加多头或购入新股票，股市通常会在 2 月底或者 3 月初的时候出现回升，涨势将持续到最优 6 个月结束时的 4 月份。

4 月到来时，我们要留心季节性疲弱的预警信号，大家须加紧斩仓，准备迎接全年行情最差的 6 个月。随着交易量慢慢减少，市场基础和技术指标很可能会告诉投资者，这正是收获去年秋季播种、取得头寸收益的最佳时机。

但是，我们先看看 2 月，作为春季收获的首月，蕴含着哪些机遇吧。

2月：当心“最优6个月”中的卧底?

股市 1 月的行情实在难以复制，短暂寒冷的 2 月则经常被华尔街遗忘，当它悄然过去的时候，甚至不留下一丝痕迹。2 月通常是最优 6 个月中的薄弱环节，股市在这时候一般会维持现状；1 月的涨幅将得到回调或者加固，而华尔街也将根据 1 月行情来重新评估或调整市场前景。从 1950 年起，70.4% 的情况下，1 月份的标准普尔指数将在 2 月出现 2% 以上的回调或加固；另在 62.5% 的情况下，如果 1 月行情走低，2 月份也会跟着下跌。

从 1950 年起，2 月股市行情仅在半数的时候呈现上涨，尽管各个指数不尽相同，但平均来说仅有微幅波动。然而小型股仍受到 1 月效应的残留影响，在 2 月份的时候通常也能跑赢大型股。从 1979 年起，小型股的罗素 2000 指数在 2 月份的平均增幅为 1%，是该指数中排名第 7 的月份。

后选举年中的 2 月行情很差，主要指数均呈现下跌。在后选举年中，纳斯达克指数在 2 月份的表现最差，平均跌幅为 4.4%，过去 10 次里 8 次下跌。中期年和前选举年的 2 月行情相对突出，但最多也仅上涨到中等水平。然而，选举年的 2 月份，纳斯达克指数和罗素 2000 指数却表现得十分突出。2000 年，纳斯达克指数和罗素 2000 指数上 2 月份排名靠前。其他时候，与总统选举年里的其他月份情况相比，2 月份股市表现平平，最好的时候大型股排名也没有进入过前 9。

然而，如果 1 月和 2 月的行情连续上涨，并且这两个月的涨幅如 2012 年那样达到 5% 以上，那么这预示着接下来的一整年行情看涨。从 1900 年以来的 20 个事件，使得股市行情在 16 年的 5

月到 12 月期间上涨，平均涨幅为 5%。2011 年时，行情稍微下跌；1930 年、1931 年和 1987 年的 2 月份出现严重熊市。

1 月强劲势头结束后，大型股在 2 月份开始出现涨势。第一个交易日行情看涨，在过去 21 年上涨 15 次，标普 500 指数的平均涨幅为 0.5%。之后涨势减弱，持续到当月第 8、第 9 和第 10 个走势强劲的交易日。到期周中，有两个看跌的交易日，接下来便是走势较弱的后半月。小型股和技术股均逃不过月中低迷期。

疯狂3月：牛市和熊市的战场

疯狂的 3 月通常先是在月初让股市疯涨，再在月末的时候使之受挫。英语中“3 月”（March）得名于罗马的战争之神（Mars）的名字，而这个月份也成为牛市和熊市的战场。尤利乌斯·恺撒也许没能充分注意那句著名的警告“留心 3 月 15 日”，但如果投资者充分留意这天，那么他们将避免一些损失。

3 月中期后，股市倾向于下降，甚至出现剧降。但请大家留心，2000 年 3 月 10 日，纳斯达克指数达到高点；2000 年 3 月 24 日，标准普尔指数达到顶点。最近几年的 3 月涨幅出现在月初和月中。3 月下半月股市出现亏损，该月的最后 3 天或 4 天在过去 22 年中 16 年出现净下降。

中资国际投资黄河点评 >>>

在英国曾盛行一种叫做“斗牛”或“斗熊”的运动，人们把牛或熊拴在一个木桩上，观看它们与群狗搏斗。牛在攻击对手时往往都是往前冲，用角把对手抛高。而熊则相反，熊掌向下，或俯下身子去攻击对手。因此人们把行情持续上升称为“牛市”，把行情持续下跌称为“熊市”。

3 月十分繁忙。这个月是第一季度结束的时候，同时还出现三巫聚首和华尔街上投资组合调整。最近几年，股市在 3 月的三巫聚首周呈现相当的涨势，但接下里的一周情形截然相反，道琼斯在过去 24 年里下降 15 次，并且常常出现剧降，平均跌幅为 0.5%。3 月三巫聚首周的后一周臭名昭著，但道琼斯指数出现过罕见的例外情况，2000 年上涨 4.9%，2007 年上涨 3.1%，2009 年上涨 6.8%，2011 年上涨 3.1%。

3 月通常是一个行情表现很好的月份，但在后选举年，其表现要疲软不少，道琼斯指数和标准普尔指数的涨幅仅分别为 0.2% 和 0.4%，而纳斯达克指数则平均向下滑坡 0.7%。中期年 3 月份，股市行情稍微优于平均值。

3 月行情在前选举年的 12 个月中排名第 4，股市全盘平均涨幅在 2% 以上。选举年的 3 月，股市行情维持在平均值，从 1952 年起，道琼斯指数在 60% 的情况下出现上涨，平均涨幅为 0.5%。标准普尔指数从 1952 年起也同样在 60% 的情况下呈现涨幅，但该指数的平均涨幅相对高一点，为 0.7%。

然而，从 1972 年起，纳斯达克指数在选举年的表现不尽人意。由于 1980 年 3 月纳斯达克指数出现 17.1% 的跌幅，3 月成为该指数在选举年间表现最差的月份。

3 月初，大型股行情不好，仅半数时间呈现涨势，但纳斯达克指数和罗素 2000 指数的表现稍好一些。直到 3 月第 6 或第 7 个交易日时，行情一直走低；到月中，年度首次三巫聚首日到来，401（k）退休福利计划的资金注入市场，股价因此上涨。3 月 15 日过后，上涨趋势骤减。就像月初时那样，小型股和技术股在月底行情最优，罗素 2000 指数在过去 21 年的 2 月底上涨 76.2%，而道琼斯指数 3 年中便有 2 年呈下降趋势。这种情况让人想起股市在第二季度末的表现，大型股下跌而小型股势头强劲。

4月收官：转攻为守，等待好时机

1999 年的 4 月是道琼斯指数 1 000 点涨幅的起始月。然而从 2000 ~ 2005 年，4 月这个美国的税收月的行情受到严重打击，6 年中有 4 年出现跌幅。但从 2006 年起，4 月份的行情连续 6 年上涨，平均涨幅为 4.2%，因此恢复了从 1950 年开始的道琼斯表现最优月的身份。4 月在标准普尔指数和罗素 2000 指数上排名第二，在纳斯达克指数上排名第三。

4 月是道琼斯指数和标准普尔指数最优 6 个月的结束月。对于其他大盘指数的季节性交替交易策略来说，4 月的地位也相当重要。4 月来临时，如果股市在近期出现大幅回升，那我们将期待道琼斯指数和标准普尔指数出现平滑异同移动平均线指标（MACD）的季节性卖出信号。

中资国际投资黄河点评 >>>

大盘股多为国家经济的支柱企业，其业绩相对稳定，虽然缺少炒作题材，但在应对通胀方面却有更大的优势，这些公司完全有理由成为长线投资者的核心资产，持有 5 ~ 10 年，获取长期而稳定的收益。中小投资者也可以配置一定比例的大盘蓝筹股，以投资角度买入，以投机心态卖出，从中获取利润。

4 月前半月的行情曾明显优于后半月，但在 1994 年后情况便发生了变化。4 月 15 日报税截止日的影响已减弱，股市在这个月主要呈现出第一季度涨势。大家可以预测到第一季度的超级涨幅，股市将在报税截止日之前持续上涨。

在后选举年的 4 月，股市行情总体表现不错，但也有大幅的涨落。中期年 4 月满是大幅波动，但整体情形偏向于下跌。大型股在前选举年的 4 月走势强劲，自 1950 年以来，标普 500 指数仅下跌过一次。通常情况下，行情看涨的选举年，即 4 年总统选举周期里走势第二强劲的年份，对 4 月股市的影响正好相反。道琼斯指数和标准普尔指数在 1952 年之后的平均涨幅约为 1950 年全年平均涨幅的一半，其主要原因是 2000 年出现了 15.6% 的跌幅，纳斯达克指数从 1971 年开始在每年 4 月表现出来的强劲势头不幸转化成了选举年的平均跌幅。

4 月的期权到期周通常对股市有积极影响，道琼斯指数从 1990 年以来便保持良好记录，这周的平均涨幅为 1.6%。到期周的第一个交易日，股市表现得比到期日更好，股市在这周全盘表现强劲，收益可观。然而，接下来的一周，股市通常受卖方控制。

尽管在过去 62 年的 4 月份道琼斯指数表现得最好，但是这个月充斥大幅波动。近几年，一天内出现大涨大落的情况屡见不鲜。道琼斯工业指数在 4 月的前几日表现相对强劲，而月中强势劲头对于所有类型的股票都有效。在月中报税截止日过后，股市走势疲软，但纳斯达克指数和罗素 2000 指数在最后 3 天的表现相对强劲。

重点回顾

- 2 月是每年最优 6 个月中行情最差的月份，吞噬掉了前 3 个月的涨幅。
- 回升通常出现在 3 月和 4 月，但 3 月中期暗藏危机，而 4 月的行情则倾向于考验那些持有大额多头的交易者和投资者的耐心。
- 平均来说，4 月是每年股市行情最优的月份，但大家一定要留心麻烦的出现。回顾过去 63 年证明，在 4 月获得收益并采取防守姿态是谨慎的做法。

第11章

最寒冷的夏日

宁愿度假也别买股票

mer Doldrums Summer Doldrums Summer Doldrums Summer Doldrums Sum

夏季的股市险象环生，
股市周期策略建议大家去度假，
等待夏季过去，再低价购入股票。
因为历史证明，等到5月再卖出股票，为时已晚。

“5 月清仓离市”的建议颇有道理，但近年行情走势表明这个做法已过时。把注意力集中在 4 月份，接下来便享受暖和的天气和暑假即可。

近年来，如果大家等到 5 月才卖出离市的话，为时已晚。2010 年 5 月 6 日，投资者受到闪电崩盘的偷袭，道琼斯指数瞬间下跌近 1 000 点，之后出现回升，当日跌幅最后停在了 347.8 点。

2011 年的 5 月之后，是连续 5 个月的下跌。道琼斯指数从 4 月高点到 10 月收盘低点下跌了 16.8%。因此，大家不必在这几个月里去白白承受痛苦和忧愁，把注意力集中在 4 月份，接下来便享受暖和的天气和暑假即可。

5月清仓离市：已经过气的华尔街古训

多年来，5 月的行情一直让人难以捉摸。它曾属于“5 月和 6 月灾难区”。1965 ~ 1984 年，标准普尔指数在这 20 年间下降了 15 次。但 1985 ~ 1997 年，5 月是行情最优月，标准普尔指数上连续 13 年都呈现上涨，平均涨幅为 3.3%。道琼斯工业指数同期下降一次，纳斯达克指数下跌两次。

1997 年之后，5 月的行情极其不稳定，过去 15 年里有 6 年出现上涨，其中 4 年的涨幅高于 4%。纳斯达克指数在 1998 ~ 2001 年连续 4 年下跌，2000 年的跌幅更是达到 11.9%。接下来又出现 6 次超过 3% 的涨幅和 3 次损失，其中最严重的跌幅是 2010 年的 8.3%。

5 月是道琼斯指数和标准普尔指数最差 6 个月的起始月。正如一句广为流传的谚语，“5 月清仓离市”。1986 年发明的最优 6 个月交替交易策略证明，这个古老的说法是有相当道理的。如果在 11 月到 4 月期间往道琼斯指数里投资 10 000 美元，62 年后这笔投资将变为 674 073 美元，而如果在 5 月到 10 月投入同样资本，结果是损失 1 025 美元。

后选举年是 4 年选举周期中股市行情最差的年份，但这年的 5 月行情却是最好的。在后选举年，5 月在纳斯达克指数上排第一，平均涨幅 3.4%，在罗素 2000 指数上排第一，平均涨幅 4.7%，在标准普尔指数上排第二，平均涨幅 1.7%，道琼斯工业指数上则排第四，平均涨幅 1.3%。

中期选举年的 5 月，一般情况下股市行情走低，全盘出现亏损。前选举年的 5 月，小型股表现得格外强劲。在这些行情上涨的年份里，罗素 2000 指数平均上涨 2.7%。

选举年的 5 月，行情接近或达到谷底，道琼斯指数和纳斯达克指数均出现净下降，标准普尔指数和罗素 2000 指数仅出现微幅上涨。

5 月期权到期周的前一个周一，股市行情比到期日当天要强劲很多，只是小型股的表现不佳。在过去 22 年里，大型股在这天仅 4 次下跌。到期日当天，全盘出现下跌。这一周整体来说一直呈现涨势，但最近几年涨势有所减弱。期权到期周的后一周里，小型股和技术股表现相对良好。过去 13 年，道琼斯指数在这周下跌 9 次。

母亲节前的那个周五，道琼斯工业指数在过去 17 年里上涨 11 次，但在母亲节后的周一，蓝筹股平均指数在这些年里上涨 14 次。

5 月的前两天交易额通常较高，道琼斯指数在 2012 年的 5 月第一周中，有四天呈现涨幅。纳斯达克指数和罗素 2000 指数的强劲走势一直持续到第 3 个交易日甚至整个月。大型股通常在第 3、第 4、第 5、第 15 和第 16 个交易日里出现跌落，月中的行情也倾向于走高。5 月的最后 3 天，纳斯达克指数和罗素 2000 指数再次领航。

凶险6月的“夏日回升”

过去的 41 年，夏季的第一个月在纳斯达克指数上表现格外显眼，上涨年份多达 23 个，平均涨幅为 0.7%，排名第 7。这为纳斯达克指数于每年 6 月结束的最优 8 个月模式做出印证。自从 1950 年起，6 月在道琼斯指数上排名接近末尾，仅比 9 月行情好一点。

纳斯达克指数的最优 8 个月模式表现出极好的长期收益。如果在 11 月到次年 6 月这 8 个月期间投资 10 000 美元给纳斯达克指数，从 1971 年开始简单定时计算，结果将为 1 011 221 美元的增量；相比之下，同样的资金投资在最差 4 个月的 7 ～ 10 月，结果将为 7 305 美元的损失。

后选举年的 6 月，行情看跌的幅度不小，道琼斯指数和标准普尔指数的平均回报跌入更深的谷底。对于道琼斯指数、标准普尔指数和罗素 1000 指数来说，中期选举年的 6 月份是行情最差的时候。标准普尔指数承担最严重的损失，过去 16 次情况中下跌了 11 次，平均跌幅为 2.1%。前选举年的 6 月行情表现最好，但由于 2007 年和 2011 年的行情走低，最近走势减弱。

第二次三巫聚首周引起摇摆不定的交易状况。三巫聚首周的周一，道琼斯指数在过去 22 年里上涨 12 次，但在最近 4 年里呈现出 3 次下跌。三巫聚首周的周五行情表现稍好，但期间出现大幅下跌的可能性较大。整周的行情波涛起伏，涨跌幅均超过 1%。三巫聚首日之后的那周，情形更加危险。道琼斯指数曾连续 13 年在这一周里下跌，而在过去 22 年仅出现 2 次涨幅。

6 月第一个交易日是道琼斯指数在这个月表现第二好的日子，在过去 21 年里上涨 15 次。表现最好的日子是该月第 10 个交易日，比第一个交易日多上涨 1 次。6 月其他交易日道琼斯指数很少出现上涨，这种情况持续到该月最后 3 天。那时，罗素指数半年改组，把纳斯达克指数和罗素 2000 指数推向高点。第二季度的最后一天，行情表现得有些矛盾，“投资组合波动”让道琼斯指数在过去 21 年里下降 15 次，但纳斯达克指数和罗素 2000 指数上浮，分别上涨 13 次和 14 次。

每年，当白昼渐长，温度升高，我们通常在华尔街听到那些胡说八道的流行语，如“夏日回升”。由于交易量慢慢缩水，夏日回升的希望吸引住了投资者。如果真的出现回升，那也必将是短暂而乏味的。

然而，确实存在一个著名的例外。从 1987 年开始，纳斯达克指数持续很多年从 6 月底开始呈现出短暂且强劲的回升。这些年以来，6 月第 3 个交易日到最后交易日的 12 天，持续到 7 月第 9 个交易日，行情平均上涨 2.3%。

7月股市：利润榨干，疲态尽显

7 月是道琼斯指数和标准普尔指数在第三季度表现最优月份，但这并不能说明问题。8 月和 9 月的行情在大部分情况下走低。从 1950 年起，道琼斯指数在该月的平均涨幅为 1.2%，标准普尔指数的平均涨幅为 0.9%。

7 月是纳斯达克指数最差 4 个月的起始月，除开少数几个特殊年份，场外交易市场指数通常在 7 月严重受挫，从 1971 年起，平均涨幅仅为 0.02%。由于后半年开始时新基金的现金涌入市场，它们很可能来自退休账户，7 月通常伴有动态交易。这将引起新的一轮走势，但中期行情走低，而除非遭遇熊市，月末时走势将再次强劲。如果 7 月行情出现大幅上涨，接下来通常会连着大幅下跌，从而在下半年创造出很好的买入机会。

后选举年的 7 月，行情表现强劲，该月在标准普尔指数和道琼斯指数上排名第一。罗素 2000 指数在中期选举年的 7 月表现最差，排名垫底。罗素 2000 指数在这些年崩盘，跌幅高达 4.3%，仅出现过两次上涨。前选举年的 7 月，行情受到整体强劲势头的推动，通常能实现不太大的增幅。选举年间，行情受到竞选游说之行的影响，大型股仅呈现少量增长，更多的是出现下跌。选举年的 7 月在道琼斯指数上排名倒数第三：上涨 4 次，下跌 6 次，平均跌幅为 1.8%。

7 月的期权到期日那天，行情通常表现平平。最近几年的到期日前一个周一，行情记录良好，过去 9 年有 7 年呈涨势。到期周的周五，行情出现一定程度的下跌，在过去 22 年仅出现过 8 次上涨。这些年里，到期周及其后一周的行情常常相反，涨跌幅度均大于 2%。

7 月初，道琼斯指数和标准普尔指数表现强劲，过去 21 个月的首个交易日里 17 次呈现涨势。第二交易日时行情疲软，之后将回升，直到期权到期日。7 月的第三周，通常即期权到期周的后一周，是该月最有问题的一周。

在这些年我们研究的许多季节性模式显示，从 1950 年开始，道琼斯指数 7 月的平均涨幅均在 3.5% 以上。

从表 11.1 可看出，每当涨势出现在 7 月时，投资者在接下来几个月可以找到低价买入的机会。

在强劲的 7 月初之后，历史上有 5 次立即连着出现了后半年低点。1954 年 8 月的低点紧随着 1953 年熊市，股市在 1953 年 9 月达到最低点，然后一直回升到 1956 年 4 月。1958 年 8 月的低点紧随着 1957 年熊市出现，然后新一轮的牛市于 1958 年开始出现。

1969 ~ 1970 年的熊市于 1970 年 5 月结束，但 1970 年 8 月，股市又出现低点。

1900 年 5 月以来，历史上第二严重的熊市结束后，股市在 2009 年初再次出现低谷。美联储主席本 · 伯南克在怀俄明州的杰克逊霍尔所作的演讲至今流传很广，那是伯南克首次提到第二轮量化宽松政策，这次演讲支撑住了 2010 年的美国股市。

在 9 月中期到 12 月中期的 90 天里，股市经常出现绝佳的买入机会。

表 11.1　7 月股市表现与秋季买入时机（1951 ~ 2010 年）

7 月 3.5% 或以上增长			下半年低点		
年份	道琼斯指数	增长(%)	日期	道琼斯指数	下降 (%)
1951	257.86	6.3	11 月 24 日	255.95	-0.7
1954	347.92	4.3	8 月 31 日	335.80	-3.5
1956	517.81	5.1	11 月 28 日	466.10	-10.0
1958	502.99	5.2	8 月 18 日	502.67	-0.1
1959	674.88	4.9	9 月 22 日	616.45	-8.7
1962	597.93	6.5	10 月 23 日	558.06	-6.7
1967	904.24	5.1	11 月 8 日	849.57	-6.0
1970	734.12	7.4	8 月 13 日	707.35	-3.6
1973	926.40	3.9	12 月 5 日	788.31	-14.9
1978	862.27	5.3	11 月 14 日	785.26	-8.9
1980	935.32	7.8	12 月 11 日	908.45	-2.9
1987	2 572.07	6.3	10 月 19 日	1 738.74	-32.4
1989	2 660.66	9.0	10 月 13 日	2 569.26	-3.4
1991	3 024.82	4.1	12 月 10 日	2 863.82	-5.3
1994	3 764.50	3.8	11 月 23 日	3 674.63	-2.4
1997	8 222.61	7.2	10 月 27 日	7 161.15	-12.9
2005	10 640.91	3.6	10 月 21 日	10 215.22	-4.0
2009	9 171.61	8.6	8 月 17 日	9 135.34	-0.4
2010	10 465.94	7.1	8 月 26 日	9 985.81	-4.6
				共计	-131.4
				平均	-6.9

重点回顾

- “5 月清仓离市”的建议颇有道理，但近年行情走势表明这个做法已过时。在过去两年，4 月份时卖出才是最明智的。
- 除了纳斯达克指数在夏季会出现 12 天的回升，大家在 6 月和 7 月远离市场也不用担心错失任何良机。道琼斯指数在 7 月时可能出现 3.5% 或以上的涨幅，而之后的月份里，股市通常能找到低价买入的时机。

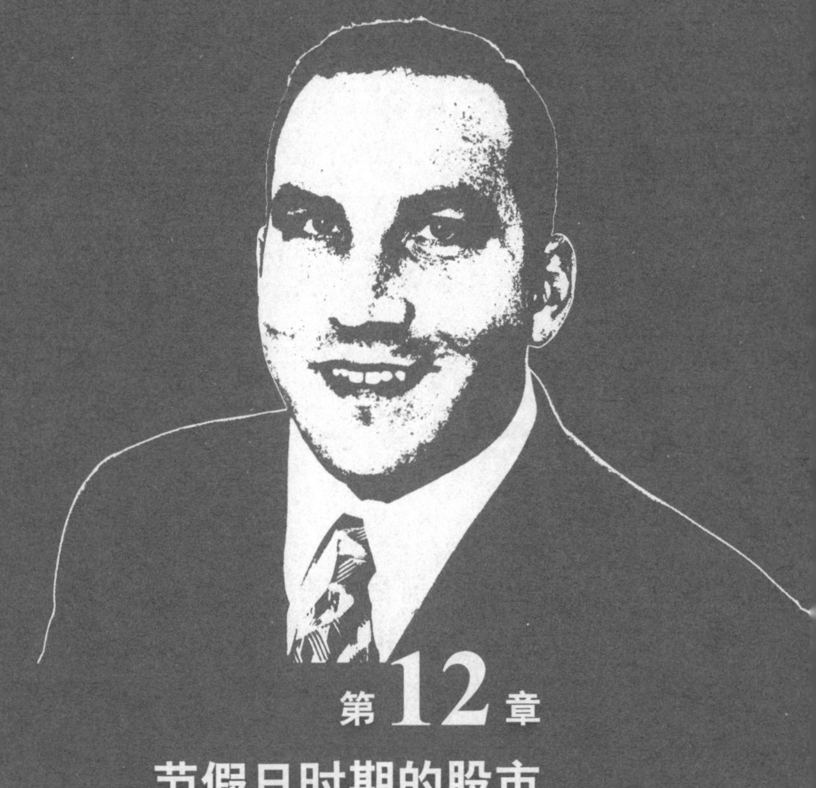

第12章 节假日时期的股市

不能错过的获利好时机

brate Good Times　Celebrate Good Times　Celebrate Good Times　Celebrate G

由于人们规律性的庆祝节假日，股市也表现出相应周期性规律。但是有的节假日证交所关闭，有的节假日只有少数人庆祝，它们的表现有何区别？通过考察传统节假日的股市表现，摸清股市脾气，稳得获利时机。

节假日前后的股市行情有消有涨，模式并不完全相同。而这些模式也因人类行为和社会传统的改变而逐渐发生变化。

每个人都时不时地需要停下来休息会儿，股市也不例外。纽约证券交易所每年关闭9次来庆祝节日，包括元旦、马丁·路德·金纪念日、总统日、耶稣受难日、老兵纪念日、美国独立纪念日、劳动节、感恩节和圣诞节。

当然，每年还有许多其他节假日，而股市并没有关闭。尽管这些节假日会分散人们的注意力，但由于纽约证券交易所不关闭，所以对股市的整体影响并不明显。犹太人的赎罪日、犹太新年和逾越节是例外，这些假日同样不放假，但对于股市的影响很大，这一章将详细讲述。

传统节日造成的周期规律

圣诞节

也许我们应该从元旦开始讲，但其实最好先回顾前一年最后一个节假日，圣诞节。得益于圣诞老人回升大礼，即从圣诞节开始算起的7天时间，圣诞节和元旦的前后几天是交易的最佳时机，特别是技术股和小型股。从 1990 年开始，纳斯达克指数和罗素 2000 指数在圣诞节前 3 天到元旦后 3 天的时间段里分别平均上涨 3.1% 和 2.4%。

中资国际投资黄河点评 >>>

在中国传统节假日，对股市涨跌具有显著影响的是春节、清明节、端午节、重阳节。除了传统节假日外，元旦、劳动节等重要法定节假日对市场也有一定影响。

年终气氛、年终奖金和税损卖盘的结束促成股市行情上涨。这些假期不但正处在每年的最优 6 个月，而且还包含在行情连续最佳 3 个月期间。

我们通常在纽约证券交易所假日前 3 天和假日之后仔细查看市场行为，假期前后一天股市受影响最大，股市在圣诞节前后会一贯地出现涨势。表 12.1 显示圣诞节期间交易者购买股票的情况。我追溯到 1990 年，得到股市交易在近些年的长期牛市与熊市期间的情况。

表 12.1　圣诞节前后市场交易情况（1990 ~ 2012 年）

	节前			节后		
	增长次数	下跌次数	平均 (%)	增长次数	下跌次数	平均 (%)
DJIA	14	8	0.28	16	6	0.24
标普 500	14	8	0.26	16	6	0.22
纳斯达克	14	8	0.51	17	5	0.25
罗素 2000	16	6	0.40	18	4	0.37

最后一天股市涨势减弱，原因是投资者在最后一刻进行投资组合重组。新一年里出现的损益将影响到新年的前几个交易日。最近，这种卖出倾向一直影响到新的一年。这种倾向非常明显，

从道琼斯指数和标准普尔指数的跌幅即可看出。尽管纳斯达克指数和罗素 2000 指数的跌幅相对较小，但纳斯达克指数在过去每年最后 11 个交易日里仍下跌 10 次。然而，1971 ~ 1999 年连续 29 年里，纳斯达克指数在每年最后的交易日里均呈现上涨。罗素 2000 指数在 1979 ~ 1999 年连续上涨 21 年后，在过去的 11 年里下降了 9 次（详见表 12.2）。

表 12.2　元旦节前后市场交易情况（1990 ~ 2012 年）

	节前			节后		
	增长次数	下跌次数	平均 (%)	增长次数	下跌次数	平均 (%)
DJIA	10	12	-0.23	15	7	0.40
标普 500	8	14	-0.21	10	12	0.27
纳斯达克	12	10	0.04	14	8	0.22
罗素 2000	13	9	0.35	8	14	-0.14

马丁 · 路德 · 金纪念日

股市在第四季度的涨幅倾向于在新年 1 月份时回调或者加固。多年来，这个趋势出现的时间并不相同。例如，2008 年它出现在 1 月的第一天，而 2010 年则在 1 月中旬才开始。

尽管开始的时间点不同，但 1 月中旬的疲软行情对近期的假日有消极影响；这个节假日就是马丁 · 路德 · 金纪念日，这天纽约证券交易所将正式关闭。

每年 1 月的第三个周一，全美休假纪念美国历史上最重要的民权运动领袖马丁 · 路德 · 金，这将推迟“期权到期周”的到来。由于这周的交易日少一天，很可能部分导致行情在周二表现疲软，

而这周剩下的3天更是走低。在连着周末的周五建立空头头寸，将最有可能在下一周里带来收益。（详见表12.3）

表12.3　马丁·路德·金纪念日前后市场交易情况（1998年后）

	节前			节后		
	增长次数	下跌次数	平均（%）	增长次数	下跌次数	平均（%）
DJIA	8	6	0.19	7	7	-0.33
标普500	9	5	0.25	7	7	-0.31
纳斯达克	9	5	0.26	7	7	-0.24
罗素2000	10	4	0.23	7	7	-0.11

行情走低的总统日

总统日是唯一一个前后行情均走低的假期。过去22年，交易情况越来越差。在这个处于冬季中期的3天小长假前的周五，股市行情异常差劲，但在假期后的周二表现相对好一些，近几年呈现出回升趋势；然而，纳斯达克指数和罗素2000指数在这周遭受了更严重的平均损失（详见表12.4）。

表12.4　总统纪念日前后市场交易情况（1990～2012年）

	节前			节后		
	增长次数	下跌次数	平均（%）	增长次数	下跌次数	平均（%）
DJIA	6	16	-0.34	10	12	-0.33
标普500	5	17	-0.47	11	11	-0.44
纳斯达克	5	17	-0.68	6	16	-0.88
罗素2000	10	12	-0.27	7	15	-0.64

1991 年和 2003 年的总统日前后，股市行情反常地表现强劲，它们均与海湾战争的军事行动相关。1990 年 8 月，萨达姆·侯赛因进军科威特，1991 年，同盟军发起持续一个月的惩罚性战争来解放科威特。此事影响到伊拉克军队。1991 年 2 月 15 日，也就是总统日假期上周五，伊拉克首次提出从科威特撤军，想要制裁得到解除，但老布什总统称之为“残酷的骗局”而拒绝了。假期后的周二，施瓦茨科夫将军称伊拉克军队已“处于崩溃的边缘”。华尔街上出现大量买入行为来迎接这两个明显的投降信号。2003 年 2 月，道琼斯指数从上一年的 11 月高点处下跌 13.2%，原因是重返伊拉克战场的预测笼罩着世界。由于即将进军伊拉克，股市在总统日的前后出现回升，但在 3 月 19 日前一周降至 2003 年低点。

这个假日周末的前 3 天，市场都表现得非常强劲。在离市度假之前，大家可以利用这波强劲势头锁定收益。如果大家想要继续坚持交易，可以考虑增加空头来利用每年这段时间股市疲软状态获得收益。周五最容易出现下跌，但下跌走势很少持续到周二，这样，周五成为建立空头头寸最佳时机。希望大家能够获得收益，享受这个冬季中期的短暂假期。

幸运的爱尔兰人

3 月 17 日圣帕特里克节是唯一一个每年都出现在 3 月的节日。虽然耶稣受难日和复活节也偶尔出现在 3 月，但在过去 62 年里仅出现过 12 次。尽管股市在这天并不会关闭，银行也不会休假，但是每年有数百万甚至上亿的人庆祝这个节日，而庆祝活动确实影响到华尔街。全世界举行游行，其中规模最大的就在曼哈顿中心。1762 年起，纽约市每年都组织一次游行。相比起节日前，股市行情在圣帕特里克节当天或之后的表现更加强劲且持久。大家对节日的期待和第五大道游行的准备活动使股票市场失去活力。由于参加庆典活动的人离市，华尔街上仅剩下最强势的职业人士来收获唾手可得的收益。这种情况的出现，部分原因是圣帕特里克节常常出现在三巫聚首周。表 12.5 表明从 1990 年起，股市在圣帕特里克节之前走低，但仅在当天或之后承受少量损失。

表 12.5　圣帕特里克节前后市场交易（1990 年后）

	节前			节后		
	增长次数	下跌次数	平均（%）	增长次数	下跌次数	平均（%）
DJIA	12	10	0.22	16	6	0.62
标普 500	14	8	0.18	17	5	0.66
纳斯达克	11	11	-0.11	15	7	0.71
罗素 2000	9	13	-0.19	16	6	0.61

相对较好的耶稣受难日

耶稣受难日是唯一一个纽约证券交易所关闭但行情在假期前后均呈现涨势的假期。在过去 17 年的耶稣受难日前一天，纳斯达克指数上涨 15 次，并且从 2001 年起保持连续上涨。复活节后一天是所有节假日中行情表现倒数第二的日子；总统日之后的那天，损失更加严重。标准普尔指数在过去 20 年的复活节后一天 16 次出现下跌，但在过去 8 年里上涨 6 次。表 12.6 显示出耶稣受难日之前行情强劲但之后疲软的情况。

如果耶稣受难日当天正好是周五，股市行情比其出现在 3 月的时候要更好。过去 11 次耶稣受难日出现在 4 月的情况里，标准普尔指数上涨 9 次。但当节日出现在 4 月时，节后那天的行情却表现低迷，如果节日出现在 3 月份的话，就不会出现这么严重的下跌。这种情况很可能与 3 月的季度末波动及 4 月道琼斯呈现的涨幅有关。4 月是道琼斯的表现最优月。

表 12.6 耶稣受难日前后市场交易情况（1990 ~ 2012 年）

	节前			节后		
	增长次数	下跌次数	平均（%）	增长次数	下跌次数	平均（%）
DJIA	15	7	0.48	11	11	-0.08
标普 500	15	7	0.53	9	13	-0.13
纳斯达克	16	6	0.58	11	11	-0.29
罗素 2000	16	6	0.61	6	16	-0.21

老兵纪念日与股市

在 1971 年的《国家节假日法案》中，国会投票决定在 5 月底的时候纪念美国老兵。从那年起，5 月的最后一个周一便成为老兵纪念日。尽管这个假日之后的几天股市行情相对走高，但在当天呈跌势。由于部分人会提前出门去度过首个夏季长假。过去 4 年，道琼斯指数 3 次出现下跌。

老兵纪念日的后一周行情不稳，市场出现短期走势。从 1984 ~ 1995 年，道琼斯指数在这一周连续 12 年上涨。在过去 16 里，道琼斯指数上涨 7 次，其中 1999 年、2000 年、2003 年、2007 年、2008 年和 2009 年出现高达 3 位数的涨幅。然而在过去两年，道琼斯指数却出现大幅下跌：2010 年时下跌 204.66 点，2011 年时下跌 290.32 点（详见表 12.7）。

表 12.7　老兵纪念日前后市场交易情况（1990 ~ 2012 年）

	节前			节后		
	增长次数	下跌次数	平均（%）	增长次数	下跌次数	平均（%）
DJIA	11	11	-0.17	15	7	0.27
标普 500	11	11	-0.10	11	11	0.20
纳斯达克	11	11	-0.08	12	10	0.32
罗素 2000	12	10	-0.01	11	11	0.29

美国独立纪念日的焰火

独立纪念日前后的交易情况毫无生气。由于假期开始得早结束得晚，假日前后的交易量通常都会下降。今年情况有所好转，但从 1980 年起，道琼斯工业平均指数、标普 500 指数、纳斯达克指数和罗素 2000 指数在独立纪念日前后的日子里均出现损失。罪魁祸首便是夏日假期的到来，人们早早离市度假，很晚才回来（详见表 12.8）。

劳动节的交易情况

对于很多美国人来说，9 月第一个周一的劳动节是一个重要节日。20 世纪前半叶，美国大约有 1/4 的人口在农场工作，相比之下，现在这部分人口不到 2%。在过去，长假之前商业活动变得频繁。从 1950 ~ 1977 年，道琼斯指数在这 28 年间劳动节前 3 天里上涨 25 次。1977 年之后，上涨转移到了节前一天和节后两天的时间里。这通常和 9 月初期的强劲走势重合。尽管从 1990 年起，节前节后全盘普遍皆涨，但上涨次数仅略微过半。罗素 2000 指数在劳动节前一天的行情持续表现出涨势（详见表 12.9）。

表 12.8 独立日前后市场交易情况（1990 ~ 2012 年）

	节前			节后		
	增长次数	下跌次数	平均（%）	增长次数	下跌次数	平均（%）
DJIA	12	10	0.03	9	13	0.03
标普 500	12	10	0.03	11	11	-0.07
纳斯达克	11	11	-0.06	9	13	-0.09
罗素 2000	11	11	-0.18	9	13	-0.16

表 12.9 劳动节前后市场交易情况（1990 ~ 2012 年）

	节前			节后		
	增长次数	下跌次数	平均（%）	增长次数	下跌次数	平均（%）
DJIA	11	11	0.09	13	9	0.26
标普 500	11	11	0.09	12	10	0.25
纳斯达克	12	10	0.15	12	10	0.16
罗素 2000	15	7	0.10	10	12	0.22

犹太节日：华尔街的古训

华尔街上流传下来一句古训：“赎罪日买进，犹太新年卖出”。虽然这句格言曾经很有用，但从上世纪中叶开始它就已经过时了。每年秋天，犹太人为庆祝新年和赎罪日去休假的时候，它还是被交易者们翻来覆去地讲。然而，我们发现更加明智的做法是“赎罪日卖出，犹太新年买进，逾越节卖出”。情况形成的原因是交易者和投资者忙于宗教节日和家庭活动，头寸被清空，交易量骤减，因此股市形成了一个买入空间（详见表 12.10）。

当节假日出现在周末，股市将较早收盘。赎罪日和犹太新年出现在 9 月或者 10 月都不是巧合，这两个月正好是危机四伏却又暗藏机遇的时候。逾越节出现在 3 月或者 4 月，这倒是十分合宜，这时候正快到最优 6 个月交替交易策略的结束期。

在连续 8 天的犹太节长假之前卖出股票，投资者可以避开许多跌势，特别像 2008 年时出现的不确定走势，这也许正是犹太人的智慧。在犹太新年和逾越节期间做多头，收益可实现翻番，平均涨幅达到 6.7%。这种交易方式在 2009 年、2010 年和 2011 年最有效。一些老套话被反复提起，大家需要成为股票的逆向买卖者，在犹太新年时买入而非卖出。

表 12.10　犹太新年、赎罪日、逾越节三大节日道琼斯指数变动（1917 ~ 2011 年）

年份	犹太新年至赎罪日道琼斯指数变动（%）	赎罪日至逾越节道琼斯指数变动（%）
1971	-2.7	6.4
1972	-1.7	0.9
1973	2.3	-12.7
1974	-0.3	20.7
1975	-3.9	22.1
1976	-3.1	-5.2
1977	-1.8	-3.2
1978	4.1	-3.4
1979	-2.3	-10.1
1980	2.7	4.3
1981	4.2	-4.0
1982	0.4	22.8
1983	-1.5	-5.0
1984	-2.4	6.5
1985	0.3	39.6

（续表）

年份	犹太新年至赎罪日道琼斯指数变动（%）	赎罪日至逾越节道琼斯指数变动（%）
1986	1.4	25.3
1987	2.1	-24.7
1988	1.0	13.7
1989	3.7	-2.2
1990	-4.1	18.8
1991	0.2	11.6
1992	-3.0	7.1
1993	-2.5	6.5
1994	1.8	6.4
1995	-0.5	19.9
1996	1.0	15.9
1997	0.4	11.8
1998	0.7	25.4
1999	-1.9	0.2
2000	-0.8	-7.4
2001	-2.7	19.8
2002	-0.6	-0.5
2003	3.0	10.2
2004	-1.8	1.1
2005	-3.0	9.0
2006	1.4	7.2
2007	2.9	-7.0
2008	-20.9	-5.8
2009	-0.3	11.4
2010	1.8	15.6
2011	-0.5	17.6
平均	-0.7	7.0
上涨次数	19	28
下跌次数	22	13

感恩节时的交易

过去 35 年，股市在感恩节前的周五和之后的周五里表现十分强劲，仅有两次例外。不少人把这个现象归于兴奋的节假日氛围，但让它正式登上 1987 年《股票交易者年鉴》的却是“死亡之吻”。周三、周五和周一的股市均被压垮，股市在 1987 年的这几天下跌 6.6%。1988 年起，周三到周五的 3 天道琼斯指数在 24 年里有 14 年上涨，总共增长 451.2 点，相比之下，该指数在 13 次周一里下降 9 次，总共下跌 619.07 点。

2011 年角色发生转换。周三和周五下跌 263 点的是道琼指数，但它在周一反弹 291 点。欧洲外债危机、中国经济放缓、华盛顿未达成的预算协议导致当年成为 1932 年以来行情最差的感恩节，也是 1901 年以来倒数第三严重的损失。然而，周末的消费增长高达 16.4%，欧洲各国领导人提出计划来解决地区债务危机，这均使得股市在周一出现回升。

2009 年，迪拜债务危机抵消了华尔街的金融恐慌；道琼斯指数在交易日减少的一周下降了 154.48 点。过去 3 年，四大指数在感恩节后一天全部下跌。最优策略应该是在周二或周三行情疲软时做多头，一直持股到下周一或在周一前的涨势里离市（详见表 12.11）。

表 12.11　感恩节前后市场交易情况（1990 ~ 2012 年）

	节前			节后		
	增长次数	下跌次数	平均（%）	增长次数	下跌次数	平均（%）
DJIA	14	8	0.17	13	9	0.13
标普 500	14	8	0.22	13	9	0.17
纳斯达克	16	6	0.39	16	6	0.49
罗素 2000	15	7	0.36	17	5	0.30

重点回顾

- 得益于圣诞老师回升大礼，圣诞节和元旦前后行情走高。然而，新年首个交易日的行情却不稳定，近年来，交易者在这天卖出较多。
- 劳动节和老兵纪念日之前行情上涨分别是受到 9 月和 6 月首个交易日的强劲势头的影响。复活节后一天排在节假日后一天行情的倒数第二。然而，令人惊讶的是，复活节后两天却是所有节假日后两天中行情最好的日子之一，好日子还包括元旦后第二天。
- 总统日当天的行情是所有节假日中涨势最弱的一个，其前一天和后两天的行情均走低。在过去 22 年的总统日前一天里，纳斯达克指数下降 17 次，道琼斯指数下降 16 次，标准普尔指数下降 17 次，罗素 2000 指数下降 12 次。
- 节假日前后的股市行情与其他反复出现的股市周期一样有消有涨，模式并不完全相同。外因事件使得模式出现反常，而这些模式也因人类行为和社会传统的改变而逐渐发生变化。

第13章 股市日记

不放过任何一个交易时机

't Sell on Friday Don't Sell on Friday Don't Sell on Friday Don't Sell on Frida

股市沉浮、瞬息万变，
但股市周期性规律在每周甚至每日中依旧有迹可循。
周一是标准普尔幸运日？周四纳斯达克涨势如牛？
交易员吃午饭的时间正好拿来获利？
掌握了股市中最复杂的规律，
就是掌握了股市周期的最后秘诀！

日常习惯和模式给盘中市场行为留下不可磨灭的印记。害怕、喜悦和贪婪是无法改变的事实。尽管交易越来越电子化，但人类本性仍是主要影响因素。

纵观《股票交易者年鉴》，股市的情况每年、每月、每周、每日甚至每半小时都被仔细观测并研究，从而揭示出股市走势。**经过近半个世纪的调查之后，事实一次又一次地证明，每月、每周和每日的起点、中点和终点均十分重要。**

大家一定不会觉得意外。生活中几乎所有事情的开始与结束于我们来说都很重要。不管是简单的日常行程，还是整个一生，我们都会遇到并处理数不尽的开始与结束。有时候，一件事开始时我们焦虑、悲伤或害怕，而有时候我们又为之欢欣鼓舞。结束时也一样。

其重要性确实对股市产生影响。毕竟，交易日的交易和投资活动均由人进行。虽然现在电脑已普及，但还是由人指令其工作。

周一周二：标准普尔幸运日

从 1990 年起，道琼斯指数在周一和周二持续呈现出涨势，周四和周五走低，其原因是进入周末时交易者不愿意继续做多头。

道琼斯指数在周一和周二共上涨 11 992.54 点，而周四和周五时的下跌幅度达到 2 677.45 点。

在过去无涨跌或下跌的年份，周五是行情最差的日子，周一排名倒数第二。在行情看涨的年份，周一股市表现最好，周五排第二。当周一股市关闭时，表 13.1 中周二的行情结果生效；当周五放假时，该表周四的行情结果生效。

1952 ~ 1989 年，周一是每周最差的交易日。从图 13.1 可看出，每周首个交易日（当周一放假时，则是周二）股市仅在 44.3% 的情况下上涨，而其他交易日收盘时 54.8% 的情况下出现上涨。纽约证券交易所周六交易于 1952 年 6 月终止。

从图 13.2 可看出，1990 年的行情出现急剧逆转，周一成为每周行情最好的日子。

然而，在过去 11 年零 4 个月里，股市在周二增长最多。从 2000 年的高点以来，交易者不习惯在周末时做多头或在每周开始时买入股票。当市场情况不稳定时，这种现象并不罕见。2007 ~ 2009 年熊市期间，周一的行情最差，只有周二行情呈现净增长。从 2009 年 3 月的低点以来，周一行情最优。

熊市对周一和周五的负面影响

为了弄清楚市场走向对每周不同交易日产生的影响，我们把 22 个熊市年与 38 个牛市年放一起作比较。周二和周四在熊市或牛市里的表现差别不大，但周一和周五的行情受到很大影响。周一和周五在熊市和牛市的行情差别分别是 10.5% 和 9.5%（详见表 13.2）。

表 13.1 道琼斯指数年度周变动（1990 ~ 2012 年）

年份	周一 *	周二	周三	周四	周五 *	道琼斯指数	年度变动
1990	219.90	-25.22	47.96	-352.55	-9.63	2 633.66	-119.54
1991	191.13	47.97	174.53	254.79	-133.25	3 168.83	535.17
1992	237.80	-49.67	3.12	108.74	-167.71	3 301.11	132.28
1993	322.82	-37.03	243.87	4.97	-81.65	3 754.09	452.98
1994	206.41	-95.33	29.98	-168.87	108.16	3 834.44	80.35
1995	262.97	210.06	357.02	140.07	312.56	5 117.12	1 282.68
1996	626.41	155.55	-34.24	268.52	314.91	6 448.27	1 331.15
1997	1 136.04	1 989.17	-590.17	-949.80	-125.26	7 908.25	1 459.98
1998	649.10	679.95	591.63	-1 579.43	931.93	9 181.43	1 273.18
1999	980.49	-1 587.23	826.68	735.94	1 359.81	11 497.12	2 315.69
2000	2 265.45	306.47	-1 978.34	238.21	-1 542.06	10 786.85	-710.27
2001	-389.33	336.86	-396.53	976.41	-1 292.76	10 021.50	-765.35
2002	-1 404.94	-823.76	1 443.69	-428.12	-466.74	8 341.63	-1 679.87

（续表）

年份	周一 *	周二	周三	周四	周五 *	道琼斯指数	年度变动
2003	978.87	482.11	-425.46	566.22	510.55	10 453.92	2 112.29
2004	201.12	523.28	358.76	-409.72	-344.35	10 783.01	329.09
2005	316.23	-305.62	27.67	-128.75	24.96	10 717.50	-65.51
2006	95.74	573.98	1 283.87	193.34	-401.28	12 463.15	1 745.65
2007	278.23	-157.93	1 316.74	-766.63	131.26	13 264.82	801.67
2008	-1 387.20	1 704.51	-3 073.72	-940.88	-791.14	8 776.39	-4 488.43
2009	-45.22	161.76	617.56	932.68	-15.12	10 428.05	1 651.66
2010	1 236.88	-421.80	1 019.66	-76.73	-608.55	11 577.51	1 149.46
2011	-571.02	1 423.66	-776.05	246.27	317.19	12 217.56	640.05
2012**	514.63	-21.71	75.52	304.79	121.25	13 212.04	994.48
总计	6 922.51	5 070.03	1 143.75	-830.53	-1 846.92		10 458.84

* 周一表示每周第一个交易日，周五表示每周最后一个交易日

** 截止 2012 年 3 月 30 日

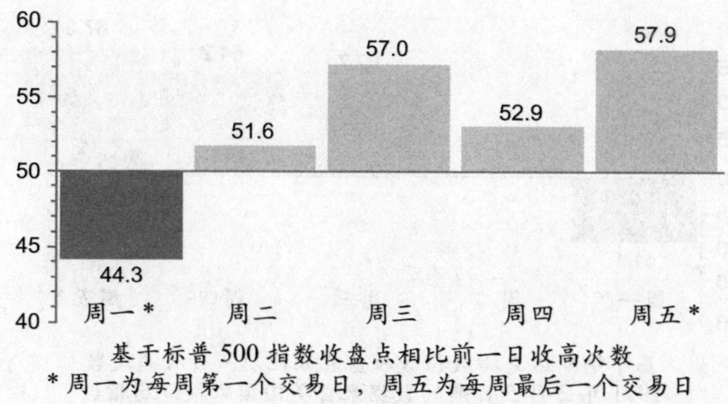

图 13.1　标普 500 指数周变动情况（%）（1952.6 ~ 1989.12）

表现优异的周四：纳斯达克指数涨势如牛

尽管图 13.3 中列出的数据年份跨度不足 20 年，但仍可从中看出纳斯达克指数到 1989 年的每日交易模式。其交易模式与标准普尔指数相似，只是纳斯达克指数在周四时的表现要更加强劲。在 20 世纪 70 年代和 20 世纪 80 年代初的无涨跌情况时，忧虑不安的投资者在周末认输，一等到周一周二马上卖出。

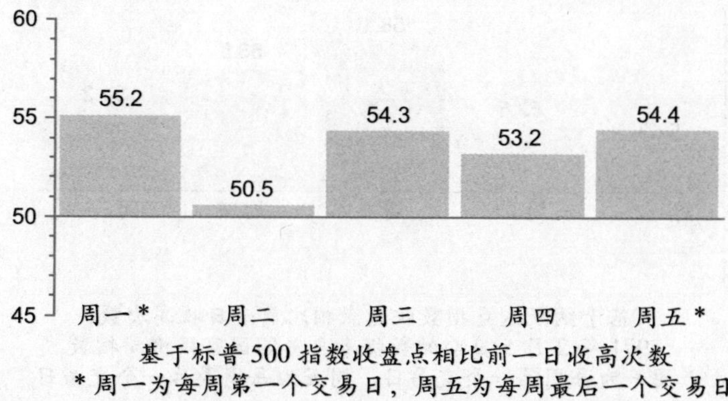

图 13.2　标普 500 指数周变动情况（%）（1990.1 ~ 2012.3.30）

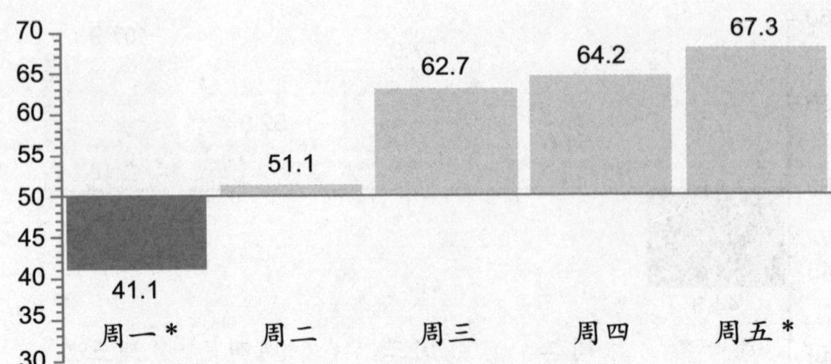

图 13.3　纳斯达克指数周变动情况（%）（1971 ~ 1989 年）

图 13.4 呈现出从 1990 年 1 月到最近期间，纳斯达克指数和标准普尔指数的每日交易模式之间的巨大差异。这个差异非常值得注意。涨势如此强劲的原因是纳斯达克指数在在 1990 ~ 2000 年三次涨幅超过 1010%，而标准普尔指数的涨幅为 332%，道琼斯指数的涨幅为 326%。

尽管与 2000 年高点相比，纳斯达克指数出现高达 77.9% 的

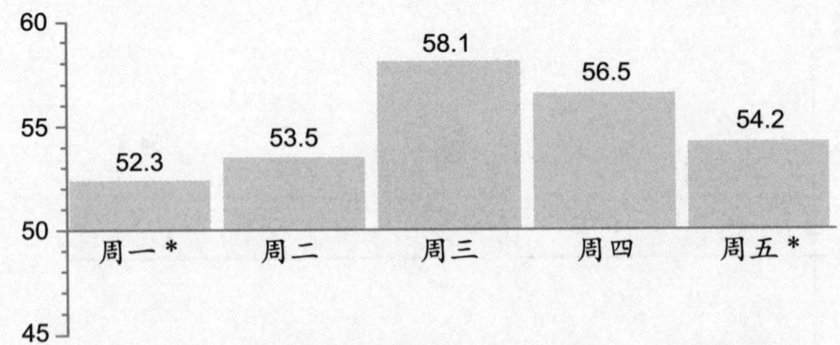

图 13.4　纳斯达克指数周变动情况（%）（1990 ~ 2012.3.30）

跌幅，而道琼斯指数和和标普 500 指数的跌幅分别为 37.8% 和 49.1%，纳斯达克技术股的行情仍然要优于蓝筹股和大型股，但超过幅度并不足以弥补之前被甩开的幅度。从 1971 年 1 月 1 日到 2012 年 5 月 4 日，纳斯达克指数上涨幅度高达惊人的 3 199%，道琼斯指数 1 454% 的涨幅和标准普尔指数 1 386% 的涨幅还不到其一半。

从 2000 ~ 2002 年 3 年熊市期间，纳斯达克指数在周一表现平平，但之后出现反弹，2003 年上涨 50%。2003 ~ 2006 年，强劲的势头回到周一。从 2007 年末到 2009 年初的熊市期间，行情在周一和周五表现最差。纳斯达克指数的周模式开始慢慢与股市其他部分保持一致。

秘诀：交易员的午餐时间有利可图

从 1987 年 1 月开始，道琼斯工业平均指数每半小时提供一次数据。图 13.5 呈现出 1987 ~ 2012 年期间道琼斯指数每半小时的行情，从中可看出早上和下午的时候下跌，但收盘时上涨。

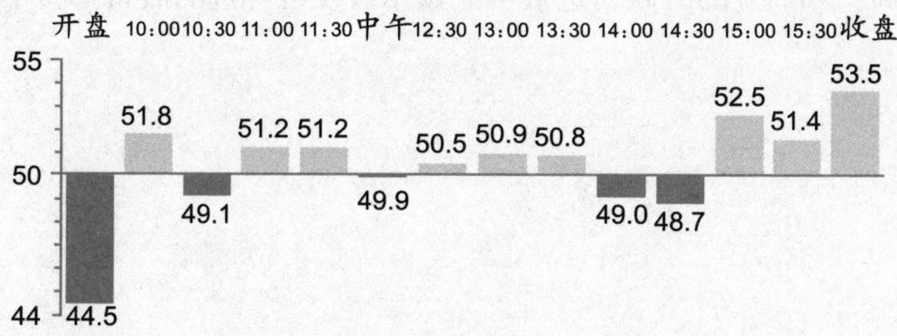

图 13.5　道琼斯指数交易日内每半小时变动情况（%）（1987 ~ 2012.4）

力量弱小的个人投资者在前天晚上或周末重新评估头寸之后，决定在交易日一大早时卖出。经纪公司为客户低价买入股票的行为使得股价在午餐前升高。

交易者也要吃午餐。在正午到下午两点期间，华尔街的交易员们稍作休憩去为自己补充能量，股价趋平。专业人士利用这段时间做多头，以图在傍晚收盘时取得收益。但股价通常在下午两三点时有所下跌。一天快要结束的时候，金融机构和专业投资者倾向于加固头寸，这使得股价在大多数交易日的最后一小时里更上一层楼。

我把 1987 年 1 月以来的每半小时数据按照每周不同的天数分开来对比，从中观测典型周的行情。在周一早上出现抛售后，股市在第二个半小时里迅速回升，然后保持平稳直到下午三点。周一收盘时股市表现最好，周五收盘紧随其后。

每周中期交易日的早上行情走低，周四早上表现最差。周五早上的行情相对较好，但慢慢趋平、降低，直到这天的最后时刻。在一周的所有交易日里，股价通常在收盘时变得稳固，但下午两三点时均表现疲软。如果收盘时股市走低，特别是这种情况出现在周一和周五的时候，这很可能预示着岌岌可危的股市即将下跌。

重点回顾

- 害怕、喜悦和贪婪是无法改变的事实。尽管交易越来越电子化，但人类本性仍是主要影响因素。
- 每日或每周的始末行情下跌，这意味着信心减弱。开始的强劲势头将继续引发后面的强劲势头。
- 日常习惯和模式给盘中市场行为留下不可磨灭的印记。

第14章

驾驭股市周期

成为真正的股市神猎手

ing the Ripe Trade Picking the Ripe Trade Picking the Ripe Trade Picking the

到此股市周期的所有内容都已经讲述完毕。
“师父领进门，修行在个人”，纯熟应用股市周期性规律
仍旧需要依靠经验的积累。
本章最后做出几点总结，理清股市周期论的
几个疑难点，并预测股市规律的未来发展。
掌握股市周期，坚持正确的方法，
你一定能够成为股市最后的胜利者！

到底要如何结合股市周期、市场基础和时机3个因素来增加收益并降低损失呢？最重要也是最首要的是，每年10月是买入的最佳时机。其次，就是“最优6个月交替交易策略”。

投资的道路上，半途而废的交易者们废弃的车轮四处散落，这些交易者要么是没有坚持明智的方法，要么是一开始就没有方法可言。

一些交易者采取不干涉的态度，雇一位专业的投资经理，而另一些人则自己积极地管理资金。

但不管是采取哪种策略，大家都要知道究竟是什么因素促成股市运转，才可以做出更为明智的交易投资决策。

这章讨论的投资策略将让大家明白，摸清股市其实很简单，如发出买入信号的周期或模式、成熟的条件、技术指标发出买卖信号的时机。

然而，在此之前，让我们先来看看股市在过去几十年间发生了什么样的变化。或许我们能从中找出一些驾驭股市周期的方法。

中资国际投资黄河点评 >>>

永远不要忘记：波动性是市场的本性和常态，市场永远在起伏中前进。人们往往觉得当下难以逾越，比过去任何时候都痛苦，事实却是，历史上从来没有彻底的灰暗时期，没有所谓过不去的坎。（肯·费雪《下一个暴富点》[M]. 广东：广东人民出版社，2013）

散户的希望：既安全谨慎，又有丰厚收益

在过去，那些基于股市模式和周期的策略实施起来非常困难，基本仅限于大型金融机构、富裕的投资者和老练的交易者。只有他们才拥有资金和专业技术来应用复杂的金融衍生品交易策略，或者联合投资信托公司，利用股市走势获得收益。

交易所指数基金（ETF）问世之后，个人投资者和个人交易者手头有更多的工具来交易几乎所有的指数、行业、商品、债券或其他资产类别。拿标普 500 指数这个蓝筹股指数为例，它囊括了全世界影响力最大的 500 强股票。

在 1993 年以前，交易标普 500 指数的少数几种方式只有昂贵的期货合同、高风险的指数期权、某种共同基金或捆绑酬金协议，这种协议是指一所经纪公司将捆绑销售股份给高净值客户。之后，交易所指数基金诞生了。交易所指数基金首先便是基于标普 500 指数，它把 500 只股票全部囊括在一个新证券里。

交易所指数基金还有个不正式的叫法：Spyder。这个昵称来自标普 500 指数（SPDR）和交易代码（SPY）。SPDR 代表标准普尔存托凭证，它是公众能够在证券交易所自由交易的共同基金。每一股份代表标普 500 指数十分之一的价值。

交易者不同，投资与交易策略的投资期也将不同。虽然我从来不是一个当日交易者，但我确信，有时候我们应该买入并持有，而有时候又得灵活地交易。古人有云“水涨船高”，因此，在深陷短期投资组合之前，大家须看清全局，弄清楚市场在长期周期中处在什么位置。这将决定大家的总体策略到底应该是激进还是保守。

什么是交易型金融产品（ETP）？

交易型金融产品是基于其他投资的证券。它们可作为指数、商品、货币、投资组合、债券的基准，也可以是受到灵活管理的基金。交易型金融产品一般明码标价，并在某个主要证券交易所进行盘中交易。交易型金融产品包括交易所指数基金、交易型金融工具（ETV）、交易型金融票据（ETN）和凭证。

交易所指数基金是应用最广泛且最多产的交易型金融产品。它们确实拥有追踪股票指数、商品、货币和其他投资组合的资产，但交易起来和普通股票并无太大的差异。交易所指数基金提供多样化的指数基金，能进行盘中交易，可卖空，可用保证金买入，可交易期权。另外，其费用比率要比共同基金低很多。

交易型金融票据有所不同。交易型金融票据和普通股票一样，在主要的证券交易所进行盘中交易，但它们都是无担保无抵押的债务证券。发行者的信用等级影响到交易型金融票据的价值。

交易型金融票据把债券和交易所指数基金的部分特点结合起来。投资者能像持有债券一样等待票据到期，然后在到期日当天便能获得与本金相同的现金。如果发行公司可靠，那么交易型金融票据一般会很有效，特别是针对交易商品和波动率指数。

交易型金融工具是开放式的、有抵押有担保的债务证券，由许多商品证券公司制造并赎回。

透视股市背后的周期规律

20世纪70年代，越南战争让美国不堪忍受，尼克松总统取消美国金本位制，石油输出国组织对美国实行原油禁运。我父亲是第一个预言到上一轮长期熊市谷底的人。那时我只有8岁，但永远也不会忘记1974年10月时报纸上18个“买！”字赫然列于头条。时间流逝，我从零开始学习金融。2001年12月，我给出首个年度预测之后，幸运地成功分析并预测到市场走向。对股市各个周期的走势进行预测和不断地重新评估能够帮助指导交易。**一旦能够弄清楚股市任何时间点在周期模式中所处的位置，我们便能通过运用基础技术交易策略来确定买卖决策。**

中资国际投资黄河点评 >>>

我们很容易忘记市场曾发生过的事情，而且不管以往的投资收益是多么丰厚，我们都必须研究历史，以史为鉴，历史永远是我们最好的向导。（肯·费雪《下一个暴富点》[M]. 广州：广东人民出版社，2013）

季节性交易清单（详见表14.1和表14.2）在过去10年变得更加精确，表现疲软的部分被清除，同时加入新的条目。请一定要确认所持股份、使用的方法和选择的交易工具策略与你进行投资或交易的市场当前情况相符。

窄幅震荡股市回弹时或在长期繁荣期间，季节性规律最有效；我估计2017年或2018年时便会出现这两种情况。当长期熊市在未来几年正式结束后，请准备进行大宗交易，大量买入股票。不管你是准备长久持有股票，还是准备进行灵活交易来增加现金的收入，毫无疑问接下来介绍的策略将使你事半功倍。

当我在2011年3月时首次把15年（图4.1中是13年）的道琼斯指数估测情况总结起来，我得出道琼斯指数将在2025年达

表 14.1 各类行业指数季节性交易情况

		季节性				
股票行情自动收录器	行业索引	类型	开始时间		结束时间	
XCI	计算机科技	空头	1月	B	3月	B
IIX	互联网	空头	1月	B	2月	E
XNG	天然气	多头	2月	E	6月	B
RXP	医疗保健产品	多头	3月	M	6月	M
RXH	医疗保健供应品	多头	3月	M	6月	M
MSH	高科技	多头	3月	M	7月	B
XCI	计算机科技	多头	4月	M	7月	M
IIX	互联网	多头	4月	M	7月	B
CYC	周期性	空头	5月	M	10月	E
XAU	金银	空头	5月	M	6月	E
S5MATR*	材料	空头	5月	M	10月	M
BKX	银行	空头	6月	B	7月	B
XNG	天然气	空头	6月	M	7月	E
XAU	金银	多头	7月	E	12月	E
DJT	交通	空头	7月	M	10月	M
UTY	公共事业	多头	7月	E	1月	B
BTK	生物科技	多头	8月	B	3月	B
RXP	医疗保健产品	多头	8月	B	2月	B
MSH	高科技	多头	8月	M	1月	M
IIX	互联网	多头	8月	B	1月	B
SOX	半导体	空头	8月	M	10月	E
CMR	消费品	多头	9月	E	6月	B
RXH	医疗保健供应品	空头	9月	M	11月	B
XOI	石油	空头	9月	B	11月	E
BKX	银行	多头	10月	B	5月	B

（续表）

		季节性				
股票行情自动收录器	行业索引	类型	开始时间		结束时间	
XBD	经纪人\经销商	多头	10月	B	4月	M
XCI	计算机科技	多头	10月	B	1月	B
CYC	周期性	多头	10月	B	5月	M
RXH	医疗保健供应品	多头	10月	E	1月	M
S5MATR*	材料	多头	10月	M	5月	M
DRG	制药	多头	10月	M	1月	B
RMZ	房地产	多头	10月	E	5月	B
SOX	半导体	多头	10月	E	12月	B
XTC	电信	多头	10月	M	12月	E
DJT	交通	多头	10月	B	5月	B
XOI	石油	多头	12月	M	7月	B

B= 上旬　M= 中旬　E= 下旬

* S5MATR available @ bloomberg.com　资料来源：《股票交易者年鉴》

到 38 820 点超级繁荣的结论。我同时还考虑到本书讨论过的长期周期情况以及当前事件和环境。当时的市场行为、地缘政治计划、市场基础和全球经济情况均是估测时考虑到的因素。在过去几年，事情走向基本符合我的预测。道琼斯指数在 2011 年时没有达到或突破 10 000 点，但已经很接近了。2011 年 10 月 4 日，道琼斯指数的盘中交易高点达到 10 400 点。

做年度预测时，我采取同样的方法。近期经济数据、季节性周期表现和市场环境都是重要因素。同时我仍会考虑到股市在长期周期中所处的位置。我并不是为了媒体或者其本身才去做年度和长期预测。这些预测是我交易活动的基础与框架。然而，我并

表 14.2 大宗商品季节性交易情况

商品	合同	年限	交易日	持有日
1 月				
标普 500 指数峰值	H	1983 ~ 2011	2	12
欧元峰值	H	1999 ~ 2011	3	24
小麦峰值	N	1970 ~ 2011	3	85
标普 500 指数谷值	H	1983 ~ 2011	15	7
2 月				
30 年期债券峰值	M	1978 ~ 2011	3	44
日元谷值	M	1977 ~ 2011	6	62
大豆谷值	N	1969 ~ 2011	9	73
原油谷值	N	1984 ~ 2011	10	60
黄金峰值	J	1975 ~ 2011	13	17
白银峰值	K	1973 ~ 2011	13	45
白糖峰值	N	1973 ~ 2011	14	39
天然气谷值	N	1991 ~ 2011	16	41
3 月				
可可峰值	N	1973 ~ 2011	10	23
日元谷值	M	1977 ~ 2011	10	14
欧元峰值	M	1999 ~ 2011	11	9
英镑谷值	M	1976 ~ 2011	15	22
4 月				
30 年期债券谷值	U	1978 ~ 2010	18	81
标普 500 指数谷值	U	1982 ~ 2010	18	28
5 月				
家畜峰值	V	1976 ~ 2010	2	30
黄铜峰值	N	1973 ~ 2010	8	13
白银峰值	N	1973 ~ 2010	10	29

(续表)

商品	合同	年限	交易日	持有日
咖啡峰值	U	1974 ～ 2010	16	54
英镑峰值	U	1975 ～ 2010	20	8
6 月				
30 年期债券谷值	U	1978 ～ 2010	2	10
可可谷值	U	1973 ～ 2010	2	24
大豆峰值	U	1970 ～ 2010	5	36
小麦谷值	Z	1970 ～ 2010	6	105
白糖谷值	V	1975 ～ 2010	11	32
家畜谷值	J	1970 ～ 2010	14	160
谷物峰值	U	1970 ～ 2010	18	25
英镑谷值	U	1975 ～ 2010	20	16
7 月				
标普 500 指数峰值	U	1982 ～ 2010	10	7
天然气谷值	X	1990 ～ 2010	17	62
可可峰值	Z	1973 ～ 2010	18	70
8 月				
瑞士法郎谷值	Z	1975 ～ 2010	6	48
咖啡谷值	Z	1974 ～ 2010	12	13
可可谷值	Z	1973 ～ 2010	14	24
黄金谷值	Z	1975 ～ 2010	18	25
9 月				
欧元谷值	Z	1999 ～ 2010	5	16
原油峰值	G	1983 ～ 2010	8	62
可可峰值	Z	1973 ～ 2010	10	33
英镑谷值	Z	1975 ～ 2010	12	33
10 月				
白银峰值	Z	1972 ～ 2010	4	17

（续表）

商品	合同	年限	交易日	持有日
日元峰值	H	1976～2010	12	78
大豆谷值	F	1968～2010	16	12
欧元谷值	H	1999～2010	18	47
标普 500 指数谷值	H	1982～2010	19	41
谷物谷值	N	1968～2010	20	133
11 月				
瘦肉猪谷值	G	1969～2010	2	13
可可谷值	H	1972～2010	4	34
黄金谷值	G	1975～2010	13	10
30 年期债券峰值	M	1977～2010	14	107
瑞士法郎谷值	H	1975～2010	18	24
12 月				
小麦谷值	K	1970～2010	5	20
谷物谷值	N	1970～2010	6	22
黄铜谷值	K	1972～2010	10	47
英镑峰值	M	1975～2010	19	56
瑞士法郎峰值	H	1975～2010	19	41

资料来源：《商品交易者年鉴》（*Commodity Trader's Almanac*）

不执着于这些看法，如果情况变化，我会毫不犹豫地改变想法。2008 年便是如此。2007 年底和 2008 年初的时候，季节性模式表现十分异常。看到贝尔斯登公司倒下后，我终止股票交易，全部套现。我宣布经济马上将出现衰退，熊市将于 2008 年 3 月出现。然后，我发现市场 11 月开始呈现涨势，道琼斯指数达到 7 500 点。在做投资和交易决策时，请一定不要低估股市周期分析的力量。

易懂难通的股票买卖时机

那么，到底要如何结合股市周期、市场基础和时机3个因素来增加收益并降低损失呢？最重要也是最首要的是，10月是买入的最佳时机。其次，我所知道的数据支撑得最稳固、最简单的股市交易策略就是“最优6个月交替交易策略”。

稍微对股市有所了解的人都听说过“5月清仓离市”的说法。这句话的来源是英国谚语“5月清仓离市，‘三岁马’赛马日入市”。三岁马赛马日始于1776年，是英国每年最后的纯种马赛马，也是赛马三冠王比赛的最后一场。很明显，英国赛马季一结束，大家便回到股市来购买股票。

尽管三岁马赛马与股市季节性相关度很小，但它确实与每年最差6个月结束的时间相重合。这些年来，我们已经证明大部分股市收益出现在每年的11月到次年4月。如果在10月或者11月的时候不去买入，那么到了明年5月或者时机更好的4月，大家要拿什么去卖出？尽管许多其他策略的倡导者声称他们的策略能做到，但我提出的最优6个月交替交易策略并不会吹嘘让大家一夜暴富。

采取最优6个月交替交易策略只会让大家在长时间内慢慢累积财富，但其风险仅有买入并持有策略的一半或更少。请回到第6章详细看看最优6个月交替交易策略，它真的很有效！

“买入”和“卖出”两个词用起来难免有些混乱。它们经常被理解为字面意思，但情况并不尽然。在我们发表秋天买入、春天卖出的投资建议之后，个人交易者和个人投资者到底该采取什么样的具体决策还得看其投资目标和风险承受能力。

更加保守地实施最优 6 个月交替交易策略，又被称为“或买入或卖出策略”，便是简单地把资本在股票、现金或债券之间转换。

在最优 6 个月中，投资者和交易者把资金全部投入到股票中。指数跟踪的交易所指数基金和共同基金便是获得股市敞口的简单而实惠的方式。

在最差 6 个月期间，请把资金从股市里拿出来，换成现金，或者去购买债券、交易所指数基金或债券共同基金。

这种策略对于退休账户来说特别有效。这部分资金目标明确，而这种策略的风险较低，收益平稳。这种做法还有另一个好处，你可以尽情享受夏日假期的活动，不用为股市变动而睡不着觉。毕竟你的储备金正安稳地变成了现金或者债券。从 1950 年起，道琼斯指数仅有 9 年的最优 6 个月期间没有呈现涨幅。

另一种策略则需要更有计划地调整投资组合。在最优 6 个月期间，尽管可能出现收益，但同时也可能承担股市风险；在最差 6 个月期间，必须降低风险，但也无须完全消除。

过去 10 年，有几年的最差 6 个月行情表现强劲，例如 2003 年和 2009 年。这种方法和“或买入或卖出方法”类似，但这种方法并不是让大家撤走所有股票头寸，而是采取保守姿态。

关闭表现疲弱的头寸，提高斩仓，限制新买入股票，实施风险对冲计划。购买价外指数看跌期权，增加债券市场敞口，持仓熊市基金都有可能帮助减少损失，特别是当温和的夏日跌幅转变为严重的熊市时。

总的来说，在最优 6 个月，大家最好投资于那些与道琼斯指数、标普 500 指数、纳斯达克指数的公司提供的敞口的资产。这些主要是大盘股、价值型股票和科技股。一种很好的关联方法是先回顾某种交易所指数基金或共同基金的所持股份，并拿他们与指数成员作比较。在最差6个月期间，请把资产转换成国库债券、货币市场基金、熊市基金或卖空基金。

技多不压身：掌握各种股票指数

关键是要把技术指数与投资工具和如最优6个月交替交易等策略结合起来决定买入或卖出的时机。一旦到了4月或10月，我们便开始追踪指数来抓住这种时机。

平滑异同移动平均线（MACD）由杰拉德·奥佩尔（Gerald Appel）发明并普及，它用独一无二的方法来评测交易大众的情绪密度，并提早揭示出走势延续或出现逆反的迹象。奥佩尔认为，这个指数在严重下跌后预测入口点方面十分可靠。平滑异同移动平均线指数可用在整个股市、单只股票或共同基金上。

平滑异同移动平均线指数使用三种指数移动平均线：短期且迅速的平均线、长期且缓慢的平均线以及短期和长期平均线的差异指数平均线；最后一条平均线也被当做“信号线”。请参考下面的移动平均线来讨论简单移动平均线和指数移动平均线。

平滑异同移动平均线揭示证券和股市指数的买空或卖空情况，并发出信号来准确预测趋势逆转。

和其他移动平均线相比，平滑异同移动平均线降低双重损失的出现率。

一种代表平滑异同移动平均线的简略表达方式。例如“8-17-9 MACD”，利用短期的为期8天或8周的移动平均线，长期的为期 17 天或 17 周的移动平均线，和为期 9 天或 9 周的指数移动平均线。到底按天计算还是按周计算取决于股市走势图的时间跨度。也可以按月份、按分钟或其他单位，这由数据点的频率所决定。

杰拉德·奥佩尔推荐使用 8-17-9 MACD 来观测买入信号，用 12-25-9 MACD 来观测股市在呈现出强劲涨势之后的卖出信号。

这个指数预测得非常准确，但大家还是不能仅依赖一种指数。在做出投资决策之前，请仔细研究各种技术性和基础性的指数。

简单移动平均线的计算方法是把一定时间段内的股票收盘价求和，然后再除以天数，得出的数据便是平均数。为了使得平均数移动起来，要把最新的收盘价加到之前的总和中，然后再剔除总和中最久远的收盘价。新得出的总和再除以天数，这样一次又一次地重复。

被观测股票呈现向上或向下的移动趋势所产生的变化，可以通过股价或指数与移动平均线的交点来确定。移动平均线本身的走势同理观测。根据移动平均线理论，当股价跌破移动平均线时，下跌的市场便是在发出回升信号；当股价高于移动平均线时，这意味着下跌趋势将马上结束。简单移动平均线指数有一个缺点，它很可能被极高点或极低点扭曲了股票的真实价值，并因此给出错误的买入或卖出信号和迅速出现双重损失的信号。

为了避免极高点或极低点带来失真，指数移动平均线指数更加看重最新的收盘股价，而非之前的收盘价。许多市场技术分析师认为指数移动平均线比简单移动平均线更为准确。

股民应该警惕的5种指标变动

以下技术指标对每个股民都很重要。

第一种：当平滑异同移动平均线低于原始数据呈现卖空情况，平均线上升高于信号线时，这便是买入信号，即“积极的突破”。

第二种：当平滑异同移动平均线高于原始数据呈现买空情况，平均线下滑低于信号线时，这便是卖出信号，即“消极的突破”。

第三种：重要的平滑异同移动平均线信号发生的时候均远离基准线。当平滑异同移动平均线信号远离基准线时，这意味着公众对于股市走势反映强烈。

第四种：当公众采取相反行为，曲线相交的时候，这种暗示就会十分明显。基准线上的交点意味着公众情绪很平稳，对股市也漠不关心，这代表着后面经常都不会出现收益。

第五种：平滑异同移动平均线与信号线的背离很重要。背离越多，信号越强。

平滑异同移动平均线仅是众多技术指标之一，它帮助大家在股市中做出更优的买入卖出决策。关键是必须找到一个或多个能理解的指标。一旦某种指标让你获得收益，请坚持关注下去。当然，你也可以在不同时候使用不同的、能给出更加明确信号的指标。

请记住，首先须确认的是市场和证券按照某种既定模式发展，交易的平台已经搭建好。大家通过常识就能知道在当前市场状况和价格下交易是否基本可行。然后，在考察一个或者多个简单技术指标之后进行交易。

本书中讨论的交易技巧能用于所有投资决策。它们可用于大家所选的非周期性的个人股，可用于某种受欢迎的精选股，也可用于一般市场的市场预测。真诚希望大家做出稳健的投资策略，实现成功交易，积累资产，保护好投资组合！

重点回顾

- 投资的道路上，半途而废的交易者们废弃的车轮四处散落，这些交易者要么是没有坚持明智的方法，要么是一开始就没有方法可言。
- 在开始短期投资组合之前，投资者须看清全局，弄清楚市场在长期周期中处在什么位置。这将决定大家的总体策略到底应该是激进还是保守。
- 投资者必须找到一个或多个能理解的指标。一旦某种指标让你获得收益，请坚持关注下去。

作者访谈 | The Little BOOK of Stock Market Cycles

市场波动背后的玄机

亚马逊网站：你认为 2012 年总统大选对投资者有什么影响？

杰弗里·A. 赫希：4 年一次的总统大选对经济和股市均有重大影响。总统当选后，会在任期的前两年极力推行多项政策。很多时候，股市、经济乃至整个国家将遭受股市熊市、经济衰退和战争。从 1941 年起，道琼斯工业平均指数在选举年后一年平均涨幅最小，仅 4.5%。

2009 年 9 月往后，季节性规律再次开始起作用。2011 年的股市情况，几乎就像教科书上描述的一模一样，而 2012 年的股市也同样表现出典型的季节性特点和选举年特征。2011 年经济衰退的催化剂是持久不断的欧洲债务危机。这些主权国家的财政危机不断给股市带来压力。新兴市场发展速度减缓，后选举年的股市行情跌破历史记录，减税计划失效，年终发放失业救济金，这些事情就像马戏团一样在选举日过后的白宫热闹上演，并将在 2013 年给股市带来麻烦。

股市忌讳不稳定性，除非 2012 年市场经历严重熊市并持续到年底，2013 年要迎来收益是难上加难之事，比超过 2009 年 3 月的最低点更难。更可能的情况是，随着总统大选临近，季节性和经济疲软将失去控制，欧洲方面做出的决策将与伯南克掌权下的美联储所出台的一些宽松政策不谋而合。

如果奥巴马情况乐观，10 月行情将被看好。如果罗姆尼胜出，大家可期待股市在 11 月出现较大涨幅。不管怎样，从 1952 年起，标普 500 指数在选举年的后 7 个月中仅呈现过两次下跌。2012 年的行情还有另一让人高兴的一面，在任总统参与连任竞选的历史年份里，不管成功与否，道琼斯工业指数的平均涨幅都是 9%。

2013 年情况大有不同。股市面临巨大压力，不管谁当选总统，他都必须面对诸多棘手的事物，如恢复经济、弥补赤字、改善政府机能失调等。竞选和就职典礼结束后，国外热点地区和外交问题仍将继续束缚住白宫。中央银行将继续调控，但实际上起不到什么效果。股市年终回升后，我更担心在 2013 ～ 2014 年迎来新一轮大熊市。

亚马逊网站：你在《驾驭股市周期》一书中讨论了哪些类型的股市周期，投资者要怎样利用这些规律？

杰弗里 ·A. 赫希：在《驾驭股市周期》这本书中，我总结出了几乎所有的普遍且持久的股市模式。

最开始我讨论的是长期、历经数年的长期性牛市和熊市模式。接下来，我详细解析了 4 年选举周期和常年季节性周期之间的细微差别。之后，我继续讲述大家无时无刻不面临着的每月、每周和每日的股市变化模式。

不管你是进行日间交易、趋势交易还是进行长远投资，大家在做出买入、卖出决定的时候，《驾驭股市周期》一书均将为大家提供见解和指导，让大家充满自信。

亚马逊网站：每年进行交易的最佳时间是何时？

杰弗里·A. 赫希：每年最佳买入时机为10月，最佳卖出时机为4月。这就是我们在1986年发现的最佳6个月交替策略。“5月清仓离市”这句名言已是众所周知，但我很惊讶大家并没有好好认识这一说法的另一面，更没有利用它来赚钱。如果大家没有在去年10月的时候买入，也就不可能在5月卖出了。

每年11月1日到次年4月30日期间，对道琼斯工业平均指数进行投资，然后在另外的6个月期间将投资转向定息债券，这个策略从1950年开始一直带来可靠收益。我们提出的最佳6个月交替策略并不会像其他策略所宣称的那样让大家一夜暴富，但它只会让大家承担买入并持有方式的一半风险，长期稳固地积累财富。

总的来说，在最优6个月期间，大家最好投资股票、共同基金或交易型开放式指数基金（ETF），它们的风险敞口和构成道琼斯工业指数、标普500指数、纳斯达克指数和罗素2 000指数的公司相类似。在最差的6个月，大家最好将投资转向国库债券、货币市场基金、熊市基金或卖空基金。货币市场基金最安全，但收益也最少；熊市基金或卖空基金可能带来的收益更多，相应的风险也更高。

如果股市在最差6个月期间持平或行情上涨，熊市基金或卖空基金就可能带来损失。国库债券的收益可观、风险较小，综合来说很不错。2013年的《商品交易者年鉴》详细研究了30年期的国库债券，显示出国库债券和相关交易型开放式指数基金交易在夏季月份中的发展趋势。

在最差6个月期间，其他可行的投资项目包括贵金属和开采贵金属的公司。SPDR黄金基金（GLD）、黄金矿商（GDX）和ETF证券瑞士黄金（SGOL）是ETF领域中得到广泛认可的几个基金。黄金的季节性价格变化趋势在2013年的《商品交易者年鉴》中有所体现。

亚马逊网站：股市周期背后的原因是什么？

杰弗里·A. 赫希：公司的季度和年度经营状况，以及社会和个人的季节性行为模式共同引发了股市最优和最差 6 个月的规律。我们提出的最优 6 个月交替策略围绕着一个事实，即通常大部分的股市收益出现在 11 月到次年 4 月，而在 5 月到 10 月期间，股市表现平平甚至下跌。2012 年就是一个典型例证。

公司、个人和社会的常年活动很明显对现金流和交易量产生影响。股市季节性也是对文化行为的一种反映。在过去，农业是国家经济的主要驱动力，因此 8 月份是股市行情最佳月份。然而，现在 8 月份的行情却最差，这是因为现在的 8 月份正是放假的时候，交易者和投资者们更加愿意去高尔夫球场、海滩或游泳池，而不愿意待在交易场所或电脑面前。

第四季度，公司努力增加交易量，再加上圣诞节购物狂潮和年终奖金的作用，股市行情通常看涨。接下来我们迎来元旦，这个时候大家通常抱有积极的心理来做全新的预测，并期待在第四季度和新年第一季度期间获得较大收益。之后的夏季，交易量减少。到了 9 月，返校返工潮和第三季度结束时装点门面的投资组合导致股市在这个月出现廉价抛售，使得这个月平均来说表现最差。

亚马逊网站：你认为历史重蹈覆辙吗？为什么？

杰弗里·A. 赫希：我认为历史从不完全重复，但规律是存在的。人类集体性记忆很短，贪婪和恐惧心理的驱动力无情且强大。乔治·桑塔亚纳（George Santayana）曾说过这样一句名言："不汲取历史教训的人必将重蹈覆辙。"我更想说："掌握股市历史的人必将获利。"

致　谢

感谢克里斯托弗·米斯托，他是公司的调研部主任，也是我的商业合作伙伴，我对他在此项目中所做贡献的感激之情难以言表。

谢谢约翰威立出版社的所有员工，特别是凯文·康明斯、帕梅拉·凡·吉森和琼·奥尼尔不遗余力的支持。在帮助我完稿和编辑的时候，梅格·弗里伯恩观察敏锐，不知疲倦。罗宾·菲柯特和史黛丝·费雪凯尔塔费尽心思地盯着项目完成。

中资海派出品

为精英阅读而努力

投资大师费雪　教你怎样炒股

深邃的智慧　前瞻的理论

投资股票才是致富之道

[美] 菲利普 ·A. 费雪　著
刘寅龙　译

中资海派出品
定　价：32.00 元

本书试图解决两个问题。首先，投资者应如何确定一家公司是否具有卓尔不凡的管理层，它能否通过有效的管理为投资者创造一种能实现市值长期高速增长的投资工具；其次，对于这家非同寻常的公司，投资者应怎样掌握股票的最佳购进和抛售时机。

在市场如火如荼时眼花缭乱，却又在市场一蹶不振时悲观彷徨，不要再被市场主宰了！拿起这本投资宝典，它将帮助你在股市中做回自己的主人，即既不会错过任何机会，也不会承担任何额外风险，你一定可以达成比市场更好的收益！

书中生动且经典的案例比皆是，作者的分析精辟透彻，既不乏专业性又不失趣味性，令人拍案叫绝。费雪对通货膨胀的分析研究极具前瞻性和预见性，就连弗里德曼也为书中令人难以置信的精辟分析所动容。即使在今天，这些观点和建议也依然不乏生命力，必定会让你叹服。

长达 80 年家族成功投资史的秘诀所在

《怎样选择成长股》之续作

深邃的智慧　前瞻的理论

投资股票才是致富之道

"iHappy 书友会"会员申请表

姓　名：(以身份证为准) ______________；性　别：______________________________；

年　龄：______________________________；职　业：______________________________；

手机号码：____________________________；Email：______________________________；

邮寄地址：____________________________；邮政编码：____________________________；

微信账号：____________________________(选填)

所购图书封底防伪码(揭开防伪标签，即可看到标签下防伪码)：

____

请在以下 9 本图书中任选一册

您选择的图书名为《××××××》

请将以上信息严格按上述格式 Email 至中资海派"iHappy 书友会"会员服务部。

邮　箱：zzhpHYFW@126.com

微信联系方式：请扫描二维码或查找 zzhpszpublishing 关注"中资海派图书"

中资经典，打造最具价值的金融投资胜经
一切为了精英阅读而努力

我们在接到您的会员申请表后，会在第一时间发送审核回函，一经审查通过，您将立即成为我司"iHappy 书友会"会员，首次成为会员者，将可以免费获得以下图书一册，我们将以平邮的方式邮寄给您，请确保邮寄地址可以收到邮政平邮(请勿重复申请，重复加入会员无效)。可选书目有：

《金钱游戏》定价：32.00 元
(*The Money Game*)
亚当·史密斯(Adam Smith)

透析市场本源，揭开游戏黑幕

《活学活用巴菲特》定价：38.00 元
侯博元

第一本将巴菲特投资策略实际运用于中国股市的书

《大投机家的证券心理学》定价：32.00 元
(*Kostolany's Börsenpsychologie*)
安德烈·科斯托拉尼(Andre Kostolany)

20 世纪最伟大的股市见证人教你股市赚钱秘籍

短信查询正版图书及中奖办法

A．电话查询

1．揭开防伪标签获取密码，用手机或座机拨打 4006708315；
2．听到语音提示后，输入标识物上的 18 位密码；
3．语言提示：您所购买的产品是深圳市中资海派文化传播有限公司出品的正版图书。

B．手机短信查询方法（移动收费 0.2 元 / 次，联通收费 0.3 元 / 次）

1．揭开防伪标签，露出标签下 18 位密码，输入标识物上的 18 位密码，确认发送；
2．发送至 13825050315，得到版权信息。

C．互联网查询方法

1．揭开防伪标签，露出标签下 18 位密码；
2．登录 www.801315.com；
3．进入“查询服务”“防伪标查询”；
4．输入 18 位密码，得到版权信息。

中奖者请将 18 位密码以及中奖人姓名、身份证号码、电话、收件人地址和邮编 E-mail 至 szmiss@126.com，或传真至 0755-25970309。

一等奖：168.00 元人民币（现金）；
二等奖：图书一册；
三等奖：本公司图书 6 折优惠邮购资格。
再次谢谢您惠顾本公司产品。本活动解释权归本公司所有。

读者服务信箱

感谢的话

谢谢您购买本书！顺便提醒您如何使用 ihappy 书系：

- ◆ 全书先看一遍，对全书的内容留下概念 。
- ◆ 再看第二遍，用寻宝的方式，选择您关心的章节仔细地阅读，将“法宝”谨记于心。
- ◆ 将书中的方法与您现有的工作、生活作比较，再融合您的经验，理出您最适用的方法。
- ◆ 新方法的导入使用要有决心，事先做好计划及准备。
- ◆ 经常查阅本书，并与您的生活、工作相结合，自然有机会成为一个“成功者”。

<table>
<tr><td rowspan="9">优惠订购</td><td colspan="2">订阅人</td><td></td><td>部门</td><td></td><td>单位名称</td><td></td></tr>
<tr><td colspan="2">地址</td><td colspan="5"></td></tr>
<tr><td colspan="2">电话</td><td colspan="3"></td><td>传真</td><td></td></tr>
<tr><td colspan="2">电子邮箱</td><td></td><td>公司网址</td><td></td><td>邮编</td><td></td></tr>
<tr><td>订购书目</td><td colspan="6"></td></tr>
<tr><td rowspan="2">付款方式</td><td>邮局汇款</td><td colspan="5">中资海派商务管理（深圳）有限公司
中国深圳银湖路中国脑库 A 栋四楼　　邮编：518029</td></tr>
<tr><td>银行电汇或转账</td><td colspan="5">户　名：中资海派商务管理(深圳)有限公司
开户行：招行深圳科苑支行
账　号：81 5781 4257 1000 1
交行太平洋卡户名：桂林　　卡号：6014 2836 3110 4770 8</td></tr>
<tr><td>附注</td><td colspan="6">1. 请将订阅单连同汇款单影印件传真或邮寄，以凭办理。
2. 订阅单请用正楷填写清楚，以便以最快方式送达。
3. 咨询热线：0755-25970306转158、168　传　真：0755-25970309
E-mail: szmiss@126.com</td></tr>
</table>

→利用本订购单订购一律享受 9 折特价优惠。
→团购 30 本以上 8.5折优惠。